微笑，生命的活泉

Smiling, origin of life

暢銷書排行榜作家 何權峰◎著

英屬維京群島商高寶國際有限公司台灣分公司
高寶國際集團

生活勵志

生活勵志 023

微笑，生命的活泉

作　　者　何權峰
編　　輯　蘇芳毓
校　　對　楊惠琪
出 版 者　英屬維京群島商高寶國際有限公司台灣分公司
　　　　　Global Group Holdings, Ltd.
地　　址　台北市內湖區新明路174巷15號1樓
網　　址　www.sitak.com.tw
電　　話　(02) 27911197 27918621
電　　傳　出版部　(02) 27955824
　　　　　行銷部　（02）27955825
E-mail　readers@sitak.com.tw＜讀者服務部＞
　　　　　pr@sitak.com.tw＜公關諮詢部＞
郵政劃撥　19394552
戶　　名　英屬維京群島商高寶國際有限公司台灣分公司
出版日期　2005年8月　第二版第一刷
發　　行　希代書版集團發行
香港總經銷　全力圖書有限公司
地　　址　香港新界葵涌打磚坪街58-76號和豐工業中心1樓8室
電　　話　(852)2494-7282
傳　　真　(852)2494-7609

國家圖書館出版品預行編目資料

微笑，生命的活泉 / 何權峰著. -- 二版. -- 臺北市：高寶國際出版：希代發行，2005[民94]
　面；　公分. --（生活勵志；23）
ISBN 986-7323-64-5(平裝)
1. 修身 2. 生活指導

192.1　　　　94013768

微笑，是心靈的綠洲，

在人生的沙漠中，

為您覓得一處生命的活泉！

～何權峰

目錄

堅強的微笑

目錄

書很多，但好書不多

阮大年　國立台中商專校長

何權峰醫師寫了很多好書，但直到最近我才有幸拜讀到他的《心念的種籽》。一翻開，就馬上一篇篇地看下去，停下時，書也已看完了，仍覺得意猶未盡。心中的第一個感覺是——這確實是好書。

書很多，但好書不多，尤其像何醫師這類的好書更不多。因為一方面它好看，使你容易看、喜歡看；另一方面它內容好，使人看到對自己、對生命都會有一番更美好的突破；再方面它可成為工具書，尤其經常演講或從事教育工作者，常常在好的觀念後面，找不到貼切的例證故事。

而何醫師在百篇中間夾雜了很多睿智、發人深省的箴言凡例，有的也許是之前看過，被感動過，但卻時過境遷而在生命的記憶中消失者；更有發現素昧平生的例子，一見之下就有相見恨晚的感受。真感謝世界上有認真、勤快及對生命熱愛的何醫師，將這些美麗的智慧花朵集合在一起，使我們感到世界還是那麼美好，真善美的知音還是在世界各地活躍著。

最近何醫師在醫人之餘，仍有心力來醫世，又寫了一本書，名叫《微笑，生命的活泉》的大作。除了邀我寫序之外，還寄了一部分稿子範本先給我欣賞，使我本來也不錯的心情，更微笑了起來。

確實，很多時候我們的憂慮、煩惱都是自己選擇的，就像書中很多處所強調的，我們不能改變環境，但是我們可以改變心境。而當一個人的心境平和喜樂時，你周遭的人、物、事、境，早晚也會改善的。

當然，何醫師書中很多的例證，都是前人智慧的經驗，並非生而就有，這是年輕的讀者們要注意的：簡單的觀念，卻都是經歷萬難，方能萃取到的。心情不是一個開關，不能要它好，馬上就好。孔子也要到七十多歲，才能「隨心所欲而不逾矩」。

聖經中保羅勸勉信徒：「你們要靠主常常喜樂。」我再說，你們要「喜樂」之前，必先經歷「我真是苦啊！我願意的善我不去做，我不喜歡的惡我偏偏去做！」的階段。

希望何醫師的著作，讓你知道：生命值得去努力耕耘，流淚撒種的，必有歡樂的收割！

尋找人性中最原始的自在

謝啟大
前立法委員

什麼是快樂？很多人都不知道。但是我知道什麼是「不快樂」。

數年前，當我開始擔任法官，負責審判某些人的是與非時，我看到了許多不快樂的迷途人。

因為在感情、事業或人生上的不順遂，使這些人吸毒、強盜、甚至作姦犯奸，無法自制。強盜或許使他們得到短暫的財富滿足；吸毒或許使他們得到暫時的心靈真空，但是他們永遠不會是真正快樂的一群！

而何醫師正在告訴我們：快樂的方法。

一個內心充滿仇恨的人必須學會寬恕，才能將自己從怨恨中救贖出來；一個自卑的人必須學會珍愛自己，才能跳脫旁人的眼光，活出自我光采；一個因貪念而犯錯的人必須學會『放下』與『捨得』，才能真正改過。

從政的這條路，總會遇上許多的不愉快，從攻訐到抹黑，我也曾幾度憤怒予以駁斥。但是後來想想，流言的可怕，即是它無法以言語消除，只能用行為予以淨化。我深刻體會到何醫師所言的「漠視比憤怒更有效」。

《微笑，生命的活泉》是一道心靈的湯方，讓你我在汲汲營營的現實社會中，找尋人性中最單純、最原始的自在。

微笑吧！朋友

相信我，在開始寫這本書的時候，我絕沒想到自己正踏上一條追尋喜樂的旅途。

過去幾年裡，我不斷追求人生的夢想：醫師、講師、作家、博士，我為自己名片上創造了不少可資「瞻仰」的頭銜。然而到了深夜，摘下頭頂上的那圈光環後，我經常自問：「我真的快樂嗎？」很遺憾，我常常被問得啞口無言。「為什麼，獲得如此成就仍然不快樂？」、「每天忙忙碌碌真正要的是什麼？」、「哪一天，要是一切都消失了該怎麼辦？」這些問題，總在我心中久久盤旋不去。

股票會跌、親人會死、孩子會哭鬧、情人會變心，我們會老、會生病……。人生充滿變數與苦痛，我們不可能總是順心如意。

沒錯，每個人都有他（她）自己的問題和麻煩。但你是否也注意到，有些人即使失意時仍能樂觀開朗，他們又是如何辦到呢？

有位令我印象深刻的老病人，臉上總帶著微笑，到病房來的護士也常被她逗笑。有一次我忍不住問她：「妳怎麼能在病痛中還常保微笑？」

她告訴我說：「當你到了我這般年紀，回顧過去，你會發現，自己有太多時間都浪費在毫不要緊的事情上。現在我七十歲了，再也不在乎兒子是不是又忘了把浴室燈關上，或是我丈夫的成就和收入不如人。我已知道，人生啊！活得快樂最要緊！」

她說話時，眼睛閃耀著光彩：「為什麼要為了小小的痛苦或得失，就放棄享受人生的樂趣？」她笑得更開了。

就在那個時候，我開始明白，我的人生即是欠缺這種「放下」的泰然自若。

追求名利也許能改變周遭的一切，但是卻無法改變你心中那個不滿現狀的你，不是嗎？

有一個蘇菲教的長老瑪斯魯汀（Masrudin），買了一大堆辣椒，一顆接一顆地吃，吃得眼淚、鼻涕直流，汗流不止。

他的一位門徒忍不住問他：「敬愛的大師，為什麼你如此傷害自己呢？」瑪斯魯汀勉強張開眼說：「我在找一顆甜的。」

熟悉這種舉動嗎？就是這種「我在找一顆甜的」的念頭，使他們不斷嘗試苦痛。我們為了生活享受而奔波忙碌，卻忘了去享受生活。為了追求名利的貪戀，我們失去了多少歡樂；為了要得到甜美的一刻，我們犧牲了多少真實的當下。「想要」的太多，卻忘了滿足自己活著的「需要」。

大數人都是渾渾噩噩地過了一生，才猛然醒悟生命中許多美好的事物已悄然而逝。不斷地追尋，這才發現：原來自己就是我們在找的「那一個甜的」。快樂與苦惱，都是靠自己追尋的。

為什麼不讓現在的心情馬上快樂起來呢？為什麼不去好好欣賞每一個東西，每一件事情，每一個人呢？用心去感受種種會讓自己覺得快樂的時刻吧！一片楓葉，一杯咖啡，或是一個能讓你微笑的人。

如果將快樂比喻成天氣，當苦惱瀰漫整個天空時，微笑就是那躲在雲層後面的太陽。打開書本，展開微笑，你將趕走陰霾，撥雲見日，為自己尋得生命的活泉。

微笑吧！朋友，嬰兒誕生後不久，毋需指示，便自然會發笑，為何我們還是愁顏不展呢？

純真的微笑

詩人雪萊曾說：

「微笑，是與別人親近的橋樑，

有人笑，人類的感情便得以溝通。」

兒童純潔無私的笑容，

猶如清晨初綻的蓓蕾，

使你放下一切的武裝，

回歸最原始的溫柔。

為什麼是我？

每當生活出了差錯時，我們總是抱怨上天不公平，竟然如此對待我。在痛苦中呻吟、哭泣的時刻裡，心中總是反覆質疑「為什麼是我？」為什麼現在發生？」「我該怎麼辦？」

當我身處重症病房中時，我發現幾乎所有的病患都有著相同的疑問：「為何偏偏是我？竟在此時得此病？」「我才剛結婚，事業也正要起步，生命中的一切正當蓄勢待發！」但不幸的，他們都在此時，砰然撞上了苦難。

事實上，世上所有的人其實都在問相同的問題，只是他們個個均處於生命中不同的階段。為什麼偏偏就在我剛升主管之際？為什麼偏偏就在我喜獲麟兒之時?為什麼偏偏在我剛退休之後……?

時機或許不同,但人們的質疑卻總是千篇一律。生命中似乎沒有任何人、任何時機,適合發生任何不幸。

我們總期待自己擁有絕佳的健康、從不惹麻煩的子女、凡事順心、一切如意。一旦危機降臨,種種痛苦、疾病或死亡迎面來襲時,只會對上天狂呼大叫:「這不公平!」

然而,我們都錯了!不公平的並非生命本身,而是我們看它的角度。沒有人會願意擁有出生的苦痛,但我們必須經由此一痛苦才能來到世間。在種種苦難中,往往能感受到重生的喜悅,體會到更成熟、與生命更加接近的滋味。

記得電影《天生好手》中的勞勃・瑞福(Robert Rodford),躺在醫院病床上深感挫折絕望的一景嗎?關鍵性的最後決賽正在進行,而他卻被所愛的女人所毒害。他兒時的摯友葛倫・羅茲(Clenn Close)來看他。

勞勃・瑞福難過極了,醫生說他再也不能打棒球了,但棒球是他的生命。

「我相信我們有兩種生命：」葛倫告訴他，「學習到的生命，和此後要過的生命。」

的確，這個世界不會挖空心思來討好我們，不論我們喜不喜歡，這是人生的一個寶貴真理。

以現代物理學來看，諸多事件絕非無故發生在我們身上，它們乃是一直存在著，只等待我們經由不同的觀點將其賦予意義。而事實也是如此，唯有跳脫自憐的侵蝕，生命才能呈現美好的意義與風貌。

十七世紀英國歷史學家愛德華·吉本（Edward Gibbon）曾寫道：

有一天，班上一位同學問他，什麼原因使他跛得如此厲害？「小兒痲痺症。」持著拐杖的吉本回答。

「遭遇這種不幸，」他的同學說：「你怎麼還能如此自信且樂觀地面對這個世界？」

「因為，」吉本回答他：「這個病永遠不會侵犯我的心！」

憐憫自己的人，即使將他放在柔軟的沙發上，依然會自憐不已。從今起，請停止「為什麼是我」的態度，不再向自憐招手。假如你的心靈沒有縛上夾板，又何來的殘廢呢？

快樂活泉

期待世界公平待你，就如同一根電線桿期望狗不來灑尿一樣！

我們早就是個幸運兒

那是越南戰爭，砲火剛剛停息的時候。

一次，下著傾盆大雨，有位旅客開車到了亞利桑那州的一個加油站，加油工人馬上跑了出來，邊給加油箱加油，邊快活地吹著口哨。

旅客付了油錢，還對那位工人表示抱歉，因為下這麼大的雨還讓他麻煩。

「這沒什麼，」工人回答道，雖然這個時候他的衣服已經濕透了：「我趴在越南的散兵坑裡時曾發誓，只要我能活著回來，一定從此心懷感激，不再埋怨任何事情。我確實做到了！」

卡內基的好友兼經紀人艾伯特也有過類似的體驗。他失業，儲蓄花光，欠下一屁股債，一度陷入絕境。

有一天，他前往銀行準備貸一筆款，好到堪薩斯市謀職。走在路上，心裡真是「鬱卒」。忽然，他看見迎面來了一個沒有腿的人，用一塊滑板讓自己前進。這個人把自己從街道上移到人行道上的時候，與艾伯特對望了一眼，帶著微笑說：「今天早上天氣真好，是吧！」

就在那一刻，艾伯特深受感動，他想，自己是多麼的幸運！如果一個失去雙腿的人還能開朗而有信心，那麼雙腿健全的人當然更能。他打起精神，滿懷信心地步入銀行，借到了錢，不久也找到了工作。

好與壞，苦與樂，原只是人們內心比較下不同的感受；生命就是一個例子。在交通事故中，若是同車或是同機的人都安然無恙或僅受輕傷，而自己卻殘肢斷臂，就覺得極其不幸；反之，如果同車或同機的人全部死難，自己縱然折斷腿臂，卻是「大難不死」的幸運兒。

事實上，我們早就是個幸運兒，不是嗎？在二億五千萬個精子中，只有一個能和卵子結合；就算如此，也不是每一個胚胎都能成功地誕生到人世。

再說，能夠成長到你目前的年齡，你必須從許多可能的疾病和意外中生存下來，更不必提及颱風、火災，或被腸病毒、土石流侵襲的可能性。但是，儘管有上述可能，你還在這裡。

不要告訴我你一點都不幸運。再說，你現在正獲得另一種優勢——你正在讀這本書！當你明白自己擁有幸運之後，是否也覺得曾經干擾生活的小事，現在都變得不重要了？

快樂活泉

遇到挫折時，就回想曾遇到最壞的遭遇，然後對自己說：「喔，我不也度過了嗎？比起那時候，現在實在不算太壞，所以一樣也會度過的。」

可以不景氣，不能不爭氣

有一回，我搭機到美國開會。那時大約凌晨一點，機上多數旅客都顯得疲憊而昏昏欲睡。隔壁座的先生卻愉快地逗著前座的小孩玩耍。

「你是去洽商的嗎？」我好奇地問他。

「是的，做成衣的買賣。」

「這生意現在很難做，對嗎？」

「不會呀！」他說，「生意好的很。我們還準備擴大營業，多開幾家分公司。」

「但現在不是很不景氣嗎？」我問道。

「是啊，是很不景氣，但是不能不爭氣。」他笑著回答我，緊接著解釋他們為什麼會成功。「經濟不景氣反而對我們有利，因為對手廠商都不敢再投資，且紛紛抱怨說他們為了順應局勢，只好大減價，當然也就賺不了什麼錢。但我們根本不減價，且要求全面提升品質和服務。我們有信心成為全行業中最佳的代表。顧客喜歡與這種態度的公司做生意。」

他又笑了笑，補充道：「當經濟衰退時，大多數人不僅沒有加倍努力，反而減緩步調。在這種情況下，如果生意只減少了五分之一，卻有一半同行『放羊吃草』，那麼你的發展機會不就比經濟景氣時大了很多嗎？」

《工作之樂》一書作者魏特利（Denis Waitley）即說：「悲觀者只看機會後面的問題；樂觀者卻看見問題後面的機會。」樂觀的人，在每一次困境中都看到一個機會；而悲觀的人，則在每個機會中看到某種憂慮。

悲觀的人遭人拒絕時，可能自怨自艾：「我是失敗者，永遠都做不成一宗買賣。」就像輸了一場球後，就認為整個球季都輸了。

而樂觀的人則會這樣自我開解：「也許我用錯了方法。」或者：「碰巧那顧客心情不好。」樂觀的人把失敗歸咎於客觀環境而非自己，從而激勵自己繼續努力。

以業務員來說吧！即使是最好的業務員，每一天，也難免碰到很多次的拒絕，而且這些絕多半是連續地來，接二連三地，對他們的士氣打擊很大。此時，是否能抱持著樂觀的態度，即是成功的關鍵。

在遇上前一個顧客說「不」之後，你必須總是假設下一個人會說「是」。李太太在星期五說不，並不意謂著她星期天還是說不。情況會改變，時機也會改變。

例如，你想賣掉你的房子。算了一下，你知道它值五百萬元。於是你在報上刊登廣告，也貼了紅條。幾天後，有人出價四百五十萬，你可能會不同意，因你認為少說也要賣到四百七十萬。

幾個月後你的房子乏人問津，而你又開始面臨新房子的分期付款。此時有人再出價四百五十萬，這認你可能就同意了。為什麼？

情況不同，時機不同。

你斟酌了一下得到五百萬的可能性，再重新評估了你的處境。通常「不」這個字，在生意中意謂著「不是這個時候」，而不是「永遠不」。因此要樂觀、樂觀、再樂觀。

當然，樂觀還是要有限度的。你總不會身無分文，卻昂首闊步走進一家高級餐廳，叫了好幾打生蠔吃，還期望在殼裡能找到珍珠；或是不慎，從摩天大樓失足墜樓，在經過第八層的時候，還說：「到目前為止，一切尚好。」這就樂觀得太離譜了！

世界上永遠沒有絕望的環境，只有永遠絕望的人。蕭伯納在其劇本《華倫夫人的職業》中寫道：

「人們通常將自己的一切歸咎於環境，而我卻不迷信環境的作用。在這個世界上，有所作為的人總是奮力尋求他們所需要的環境；如果未能找到這種環境，他們也會自己創造環境。」

每天早晨起床時，你會期待又是美好一天的開始嗎？對於拒絕和挫折，你總是非常沮喪嗎？如果聽到有人敲門，你會以為那是帶來喜訊或是壞消息呢？

當懼怕來敲你心中的大門時，就讓樂觀的信仰去開門吧！

快樂活泉

推銷是從被拒絕開始，而成交則是堅持樂觀的結果。

從寬恕中解脫

我在報紙上，看到下列這則報導：

方保芳診所命案曾經帶給受害者家屬難以抹滅的傷痛。事隔半年，方家人將診所提供給佛香書苑文教基金會使用，基金會則將其改為菩提圖書館。

在圖書館的揭幕會上，方家人始終以笑臉迎人，沒有一絲怨氣。方醫師之子方至善說，人間恨事何其多，他們雖遭逢恨事，但不願以恨意回報。

家屬並表示，方醫師生前常說：「人活著要能自在，要有內涵，死也應該死得有價值。」秉持著這個信念，他們將這塊家族的傷心地提供出來，轉化成莊嚴而意義非凡的圖書館，希望能教育、幫助更多需要協助的人。

用慈悲去癒合受傷的心靈，讓寬恕和放下使我們從憎恨的桎梏中解脫。「寬恕」為我們的生命增加了空間，同時也是「無障礙之心」的自然表露。

也許你會說：「這不容易做到。」不錯，最難的事之一，就是要原諒傷害你的人。耶穌基督使徒保羅即感嘆：「立志行善由得我，可是行出由不得我。」愛人如己，已經很難辦到，更何況是去愛一個不值得愛，甚至傷害過我們的人！

湯銘雄的故事，我想許多人應該不陌生。他在一處KTV，以一桶瓦斯傷及了十多條人命及十多個家庭，也毀了他自己及家庭；隨後即被送至監獄，跌至生命的谷底。

獄中室友說他非常暴躁，直到一封來自受害者家屬杜姊的信，才釋解了他的內心，點燃了他生命中的光亮。

帶著杜姊及杜母難以置信的寬恕和愛，湯銘雄真心地懺悔。聽說在最後的日子，他晚上睡得很安穩，迥異於其他的死刑犯。

為了捐贈健康的器官，他戒了煙，並拒絕了臨行前減低恐懼的酒。據說：捐贈眼角膜、心臟、骨骼後的遺體，軟癱得幾乎難以搬動。從堅硬到柔軟，從憎恨到寬恕，他學習，並找到生命的光輝。

請記住：寬恕並不是赦免造成傷害的行為，而是用慈悲和愛，去碰觸那個製造傷害的人。我並非建議人們愛暴徒，但即使是最邪惡的人，一開始也是個天真純潔的嬰兒。

我們必須了解，所有人都是由父母與社會環境創造出來的。如果我們得到錯誤的訊息，從大環境那裡得不到愛，那麼我們之中的任何一個，都可能變成希特勒。

寬恕的「忘懷」和「給予」。帶著「讓過去就過去」的胸懷，將愛、仁慈、關心和生命中的一切恩澤都帶給別人。直到你心中完全釋懷，你便擁有內在真正的寧靜。

寬恕，是放下的好榜樣。當我們可以用慈悲和柔軟的肚腹，去接受早先令我們憎恨的事物，未了情，就解套了。

快樂活泉

因為慈悲，所以寬恕；因為寬恕，所以解脫。
為了解脫，所以寬恕；為了寬恕，所以慈悲。

每天都是新的開始

有一天，英國勞合・喬治首相與朋友相偕散步、聊天，每走過一道門，他都小心翼翼地把門關好。

那位朋友就說：「你用不著關這些門呀！」喬治首相莊嚴地說：「應該的，我這輩子都在關閉我身後的門戶。這是必須的，你曉得，當關門的時候，所有『過去』的事也都被關在後面了。然後，你就能重新開始，向前邁進。」

是的，人生就是要向前邁進。曾經讀過一本勵志書，其中採訪了許多特殊的人物，幾乎每一位都讓我留下深刻的印象。

景觀大師朱魯青說：「不要叫我大師，我什麼賤活兒都幹過……」；立委洪秀柱說：「雖然幼時家裡被貼上標籤，但我從父母身上學到了寬容不恨……」；作家朱秀娟說：「我的挫敗三天三夜說不完，落榜、失戀、退稿、流產、經商不善……」。

叱吒黑道大哥大林松典，傾盆大雨還在陋巷泥濘的水果攤上潛心一意誦經贖過，我覺得他削的梨子特別香……；曾經年少輕狂的劉民和牧師說：「吸毒的滋味，我怕了！」；由汽車大盜變為防盜專家的馬嘉利充滿感恩地說：「謝謝你們接受我的過去……」。

人，誰無過去？今天的真理，往往就是昨天錯誤的反照；沒有昨天錯誤的經驗，有時還無法切實地感悟到今天的真理哩！此之謂「覺今是而昨非」。

有些夫妻可能搬出廿年前發生的事來吵；有的父母也是如此，老提孩子過去的錯，好像人生一旦犯了點錯，就一輩子洗不清似的。這樣的關係，常使夫妻或親子間，當有了困難或問題時不敢說出來，因為怕對方劈頭就罵，數說一大堆舊帳。

我們必須以不帶譴責的眼光來看待現在，它使我們每一個人從過去的錯誤中完全解脫出來。英國女作家潘馨・斯屈朗說：「把你一切的罪念和愁慮，都埋藏在『過去』的墓園中吧！」

一點也不錯。唯有愚蠢的人，才把過去的劣跡翻掘出來；有智慧的人，則是讓綠色的青草在「過去」墳墓上生長，讓新生的希望開花。

你犯錯了；但誰又沒犯過錯呢？我非常喜歡派特生（Grove Patterson）一篇名為〈橋下的流水〉的文章：

有一個小男孩……斜靠在一座橋的欄杆上，望著橋下的流水，一會兒有一大塊樹幹流過，一會兒則是一小根樹枝、木片流過；有時是一片樹葉流過。不論是什麼東西浮在水上，水面總是依舊平順。

這水或許已經從這橋下流過數百年、數千年，或甚至數百萬年了，有時水流湍急，有時流速轉慢，但是河水依然綿綿不絕，日復一日地流過橋下。

那一日注視著橋下的流水，讓這個男孩得到一個重大的啟示。突然之間，他領悟到我們人生中所經歷的每一件事，都會像橋下的流水一樣，緩緩流逝，不留下一點痕跡。

男孩遂對「橋下的流水」這幾個字特別地鍾愛。從此以後，這幾個字就一直陪著他，支持著他通過人生的重重考驗。

昨天在昨夜已然結束，每天都是一個新的開始。學習遺忘的技巧，把每件事都變成沒有什麼了不起的尋常事。重新開始吧！想一想，這種事每天都在發生。最初很難受——是的，非常難受。但只要靜心等待，你一定能安然度過。因為，它們只不過是「橋下的流水」。

有一個古老的故事，說是古代一位威勢顯赫的君主，召集了國內的學者智士，要他們提出一句簡短而顛撲不破的雋語，要能適用於人生的每一階段，每種景況。幾個月後，他們帶回來的一句話是：「一切，都會過去的。」

世界上所有的一切都會過去，不論是成功或失敗，快樂或悲傷，凡事只要盡力而為，問心無愧，其它的就不是我們的事了。

「This, too, Shall Pass.」（這也將成為過去）

不用為下沉的船擦拭甲板，因為這是徒勞無益的；毋需責難過去，那就好比打破杯子卻怪地心引力。只要掃乾淨碎片，再拿一個杯子就好了。

快樂活泉

記住：失敗挫折不是什麼大事，你失敗了又怎樣呢？生命還是會繼續下去！

分享的力量

多年前，美國紐約州一個小城的報紙上，經常刊出這樣的廣告：

「如果你知道誰生病，而你又想送一點花到他病床前的話，請告訴我。只要在本城五英哩以內，我免費送達。不要客氣，我極樂意幫助。電話×××。」

當時，阿德先生已七十九歲。

他原本跟他太太共同栽培了一個好大的花園。八年前，他太太去世，他仍獨立維護這花園。可是沒有人可以分享這百花競豔的樂趣，令他覺得很寂寞。他想起太太臥病期間，這些花曾帶給她許多撫慰，因此就在報上刊出這廣告。

之後，他就忙著送花到各病人床前，最多時，每星期有四十次。他說：「我在花園裡找到喜樂和滿足。跟旁人分享美麗的花，也就分享喜樂。從此我再也不覺得寂寞了。」

這讓我想起約翰‧奧克斯罕（John Oxenhan）所寫的：

朋友，你寂寞嗎？
把你的小天地與人分享！
將你的手伸給孤獨無依的人，
你便不再寂寞。

分享是美妙的，獨自欣賞美景當然美，但是與所愛的人一起分享則更美！獨自品嚐美食是一種享受，但是與親朋好友共享，更是一大樂事；獨享，你只享受到單一色彩；共享，卻可以由他人眼中，分享到不同彩色。

名醫米爾登‧艾瑞森（Milton Erickson），曾經採訪過一位消沉不振的老婦人，他對她所知甚少，只知道她一個人獨居，很少與人接觸。除了她的園丁外，她與人接觸的時間只有在上教堂時；但她總是遲到早退。

艾瑞森到達她家時，他要求先參觀她的房子。屋內陳設簡陋，但有間美麗的花房。看起來，她對栽培非洲紫蘿蘭相當有研究。

於是，艾瑞森派給她一項工作。他要她買各種不同顏色的非洲紫蘿蘭，加以修剪、栽培、讓它們同時成長；並要她列出一份教會成員名單，並訂一份教會通訊：只要看到受洗、結婚、生病、死亡等宣告時，便送盆非洲紫蘿蘭給他們。

老婦人接受醫師的指示後，栽培了數以百計的非洲紫蘿蘭盆栽。當她去世時，當地報紙出現了這樣一個標題：「非洲紫蘿蘭之后辭世，受到數千人的悼念。」

誰會想到？原本是消沉不振的老婦人，會成為非洲紫蘿蘭之后呢？這就是分享的力量。她選擇點燃蠟燭，不再詛咒黑暗；而她所散發的光熱已溫暖了全世界。

「一粒麥子不死，它永遠只是一粒麥子而已。」許多人往往就只知守著自己的那粒麥子不動；殊不知，一粒麥子可以就是一粒麥子，也可以成為一顆種籽。

每顆種籽都可能長成數以千計的樹林。不過那種籽絕不能被貯藏起來，它必須將自己貢獻給肥沃的土地，經由施予，隱藏的能量才能發揮出來。

當你品嚐葡萄美酒時，是否也想到，這是由一粒葡萄種籽的犧牲，而結出纍纍果實！而葡萄再次的自我燃燒，才醞釀出了酒的芬芳。

做一個「播種的人」吧！如果尚未開始的話，你得趕緊找塊田！

快樂活泉

分享比享受更能愉悅人的心靈和本性，只是它的外表看起來沒那麼好。

以童心看世界

我從小就喜歡爬樹。老友昇霖家的芭樂樹，布滿著我們童年的歡笑與足跡。後來搬了家，由於學校就在附近，榕樹下的鞦韆，便成了我的最愛。

我總喜歡盪得高高的，直到頭能頂到樹梢，這才心滿意足地下來。我的童年，幾乎都是在那兒度過的。

到現在，每當我心情鬱悶的時候，我就會重返校園。一坐上盪鞦韆，便勾起了串串甜美的回憶。那是一種單純而盡情的歡樂——我簡直覺得又回到童年了，心裡好高興！

長久以來，我們都失去了童心，失去了愛玩樂的心，這是造成我們不快樂的原因。小孩子和大人最大的不同，就是小孩子擁有一顆赤誠的心。他眼中的世界是美好的，他熱愛這一切事物，且每一樣東西都讓他讚嘆驚異。

赫胥黎（Thomos Huxley）曾說：「天才的祕訣，即在於能夠一直保持童年的那股赤誠至老。」可惜，保留這項特質的人太少。那些自殺的、厭食的、吸毒的青少年，他們之所以如此，都是因為他們把自己的童心遺棄了。

許多悲觀的人相信，生命是一件絕對嚴肅的事情，所以他們堅持把歡樂的一面壓抑下去。我們也常以為傻氣和孩子氣是行為上的一種退化，因為大家對長大成人這件事過於認真，而拋棄了兒時的歡笑與樂趣；殊不知我們心中的童心，其實是最可貴的資產。

常有人說我太孩子氣，似乎永遠長不大，但我可不這樣認為。我會對別人不以為意的小事認真、拾起幾片落葉仔細端詳、抓一隻螞蟻在放大鏡底下瞧瞧，甚至在幾天前，我還陪著舅舅那七歲的孫子打球、採桑葉，玩得滿身大汗。這些體驗，都讓我感到活潑的樂趣與滿心的歡喜。

生活在遊戲世界中的兒童，是一位真正的貴族，他們總是心無旁騖、渾然忘我地玩樂，盡情揮灑自由的生命。

天才也往往如此，他們知道「愛玩樂」是靈感的泉源。所有的科學家、哲學家或大藝術家都是愛玩樂的。他們知道，無論發現什麼、想完成什麼，都要先經過「玩樂」的過程。我們也必須學習在生命裡，去給玩樂一個較高的優先權。

愛爾蘭的古老諺語說：「用時間玩耍！因為這是青春永駐的祕訣。」（Take time to play. It is the secret of perpetual youth.）保持年輕的祕訣，就是透過孩子的眼睛來看這個世界，找出藏在我們每個人身體裡面的童心。多看看孩子的笑容，無邪的童顏，是打開心結的鑰匙。

我很喜歡下面這個故事：主持人在節目中向一個小男孩提出一個假設性的問題：「如果你是一架商業客機的駕駛，機上有很多乘客。突然，你的飛機引擎停了，在這種情況下，你會怎麼做？」

這位小男孩想了一想，然後說：「我會亮起『請綁好安全帶』的指示燈，然後跳傘逃生。」他似乎對自己的回答十分自豪，但這時觀眾席卻響起了一片笑聲。

他把手插入口袋裡，開始流淚。主持人立即趕過來輕聲替他解圍：「小朋友，你回答得很好。他們並不是在笑你，他們只不過是很高興聽到你的答案而已。」主持人這樣安慰他。

這位小男孩顯然仍不滿意，他回答說：「不錯，但是我馬上就會回到飛機上來。我只是要出去買些汽油回來！」

再看下面這段對話：有位母親牽著她的小孩逛台北木柵動物園，母子倆經過一群猩猩面前，小孩突然指著其中一頭大猩猩高喊著：「媽，你看！這頭猩猩好像爸爸！」

孩子天真的話，立刻吸引旁邊遊客一陣難以自抑的輕笑和目光；做母親的立刻滿臉通紅：

「小乖，你這樣說話很沒有禮貌。你不覺得難為情嗎？」

孩子嘟起小嘴，望望媽媽，有些不服氣地反駁：

「有什麼關係，猩猩又聽不懂我說什麼！」

怎麼樣？夠絕吧！

只要你永遠保持一顆赤子之心，偶爾的頑皮、小小的淘氣，以孩子的眼，來看這個世界上美好的事物，你便會發現：周圍的天地是多麼地驚奇、多麼地令人著迷！

在這個冷漠的世界，我們應該毫不猶豫地放下心中的塊壘，傻氣而玩樂似的為自己添入一抹童心的筆觸。這是我所知道，讓心情好起來的最佳方法。

快樂活泉

用嘴巴教導孩子的時候，別忘了用心聆聽孩子的教導。

灑下幽默的種籽

曾看過一則幽默笑話：

妻子：「為什麼每次我唱歌，你就跑上陽台？難道你不喜歡聽我唱歌？」

丈夫：「不、不、不，我喜歡。我這樣做，只是要讓鄰居們確實知道，我並沒有在打老婆！」

電台節目女主持人問幽默大師林語堂何謂「丈夫」，他笑瞇瞇地說：「理想太太的丈夫」。

又問：「太太跟小姐有什麼不一樣？」他還是笑瞇瞇地說：「所有的太太都一樣，每位小姐都不同。」正題曲答，果然別富靈慧與妙趣。

還有一樁趣聞。

在中國國民黨第十一屆二中全會開會前，黨國大老張群因為心臟病住院。到了推選總統候選人那一天，他認為這是件大事，因此抱病出席大會。與會的一些老友，見張群紅光滿面，精神不錯，都以為他已經康復了，紛紛前來向他致意。

張群幽默地說：「你們真是『知人知面不知心』，我的心臟病還沒好，仍舊很嚴重啊！」

老友們聽了，不禁莞爾。

林語堂說過，智慧的價值，就是教人笑自己。自嘲並非貶低自我，而是用一種趣味的角度，看待發生在自己身上的種種。

手術前，有位教授很無助的躺在手術檯上。其中一位護士提到她曾經是教授的學生。他幽默地說：「希望我以前讓妳及格了！」

心胸開朗的人，總能自信地幽自己一默，給別人帶來歡笑。

有一次，柯立芝總統任期將滿時，聲明不再競選總統。當時新聞記者總是團團把他包圍，要他詳細說明原因。有一位記者特別固執，非要問出個究竟：「為什麼你不想再做總統？」

結果他很幽默地回答：「因為沒有昇遷的機會。」

艾森豪總統的幽默和微笑，也是舉世聞名。他曾說：「我從來不多浪費一分鐘，去想我不喜歡的人！」

教宗若望廿三世有次與艾森豪會面時開著玩笑說：「我們倆都混得不錯。你從一個少尉軍官當到了總統，我從一個士官（軍中神父）當到了教宗。」艾森豪不但不以為意，還捧腹大笑，真是可愛極了。

隨著年歲漸長，我們肩負的責任也更多──繁重的工作、未清的帳單、待洗的衣服、失落了天堂的愛情。我們總是把事態看得過分嚴重，以致忘了該如何笑，如何處之泰然。

梁先生是位企業負責人。他走向講台，準備對一大群聽眾演講。當他走上階梯時，不料在家人面前絆倒，往後狠狠地摔了一跤。之後他站了起來，走向麥克風說：「方才的事件就像我的事業：快速地起步，快速地跌倒，然後快速地爬了起來。」他的機智幽默不但化解了一場尷尬，還為他贏得台下如雷的掌聲。

英國上議院議員史納托夫．里德卻立刻說道：「現在各位應該可以相信，我所提出的理由足以『壓倒』每個人吧！」在眾人哄笑中，他輕易地為對方解了圍。毫無疑問，笑有如香水，向人灑得多，自己也必得沾上幾滴。

我常常感到擔心的是，我們的文化太缺少幽默感。想想看，你有多久沒聽到笑聲了？是不是很少歡笑，即使笑，往往也只侷限於嘲笑？我們需要更多的幽默作為壓力的緩解劑，生活的芳香劑。

塞萬提斯說過：「人類是唯一會笑的動物，別讓這份天賦生鏽了。」肚皮經常笑痛的家庭，絕不像總是嚴肅得要命的家庭一樣，產生那麼多腹痛上的毛病。

請在自己的家園裡灑下幽默的種籽，你會發現，自己是世界上最富有的人！

快樂活泉

想得愈開，活得愈好，
笑得愈開，快樂愈多。

欣賞生活小節

生命真是個奇蹟，數不盡的花花草草，花氣襲人滿身香，盈眼盡入綠意中，到處都充滿了生機。

頭頂上飄了朵浮雲，剛剛還是一隻狡兔，現在卻變成了一頭拖車的老牛，之後又化成了雨水降到地面，還它一身輕盈！

你瞧！那初初長成的嫩草，一小簇，一小簇地點綴在大地上，鮮鮮翠翠滿是生機。

人生的美妙處，即在於我們視線所及的每一樣事物裡。小如小草、水滴，大至日月山河，都充滿著奇妙多變，享之不盡的美。一般人多半對生命周遭各種奇妙的變化和景觀感到驚異讚嘆，這是可以想見的。但是，卻很少人能夠欣賞到，那些生活中平凡不起眼的小地方。

馬歇爾（Peter Mar-shall）提醒我們說：「家居生活中，常有一些美的景像，卻鮮有人注意：梅子醬透過的日光；肥皂泡上的彩虹；藍色碟子裡的蛋黃；白紗幔滲過來的月光；酸果蔓汁的玻璃杯色；小屋中的藍色百葉窗；石縫中的紅玫瑰；新烘烤的麵包香；古銅台上的燭光，以及西班牙狗眼睛的棕黃。」美，存在於生活的微小細節中。

想想你熟識的親友當中，誰看起來最幸福？仔細觀察一下，你會發現最幸福的人，似乎隨時隨地都能發掘幸福，並且懂得享受生活中的小事情。早晨的第一杯茶或咖啡、潔淨的襯衫，暖和的棉被，涼風的氣味……你看，就只要用心體會，就能享受到幸福，然而大家都視而不見。

看看下面的對話：

「你不覺得人很有趣嗎？」

「怎麼說？」

「如果你告訴某個人說，天上共有二十三萬八千六百五十四顆星星，他會相信。但是，如果公園內有一把剛剛油漆過的椅子，懸掛著『油漆未乾』的標示，他還是會伸手去摸一摸。」

生活中，大家似乎總是努力地捕捉幸福，卻不相信唾手可得的快樂。這就好比棄路旁的鮮花不顧，而寧願欣賞人造的花園一般的荒謬。

希臘的格言說：「生命是自然之賜，但美麗的生活，則是智慧之賜。」追尋快樂的人們，若能稍稍停下短短的幾分鐘，靜靜想想，便會察覺：我們真正體驗到的歡樂，都是小小的滿足串連而成。像自己腳邊的小草，或是早晨花朵上的露珠。我確信，每個人都應該快樂得像國王一樣。

且稍停望向窗外，看看這世界多美麗。它就在那裡，享受它吧！今晚出門去，抬頭看看星星、月亮，聽聽小草的生長與松鼠的心跳，用心感受一下自然的奇蹟。

快樂活泉

學著去發現世界美好的一面，停下來觀賞、嗅聞、觸摸周遭的自然之美，而非總是扮演在其間匆忙來去的過客。

愈知感恩得愈多

曾有個憤世嫉俗、顧影自憐的人，求助《奇蹟課程》的作者海倫•舒克曼，問她如何解除令他不快的念頭。海倫只回答：「從今天起，每天寫下一件令你感謝的事。」

起初他需要思索很久，才能想出有什麼好感謝的；但日復一日，他逐漸培養出感恩的心，進而發現許多值得他感激的人與事。到了後來，他彷彿打開了心眼，看見上天的賜予，大自然的美好。他的心胸豁然開朗，過往的憤恨也消失無蹤了。

感激是快樂的泉源。一個人若能學著感激，「觀功念恩」的想法會頓時點醒自己，如此一來，將會減少很多憤怒。若是常存不滿，耳聞目見都是人家的缺失，如此「觀過念怨」的結果，久而久之，生活只有怨懟，心情自然好不起來。

十六世紀英國宗教領袖克倫威爾（Cromwell）曾寫下「思之而存感謝」（Think and Thank）這句話，花一點時間想想自己擁有的一切，你會感謝上天賦予你這許多才能與財富。

每天晚上臨睡前，想想今天最令你感謝的人是誰？今天最美好的事情是什麼？如果你用點心，將會輕易發現：處處都有值得感恩與歡慶的事。

一通朋友的電話值得感謝；一個陌生的微笑值得感謝；一頓美味的晚餐值得感謝；一場屋外催人入眠的夜雨值得感謝；一顆還能去愛的心值得感謝；還有今天終究已經結束的事實也值得感謝……就算連洗衣店的錢都沒辦法付時，你還是可以感謝。你要感謝：還好你不是那洗衣店的老闆，不是嗎？

在一些較為不順遂的日子裡，也許找不出感謝的對象，那麼就拿起紙與筆，列出你的資產清單：健康、好老公、聰明活潑的兒女、家庭的和諧、不擔心淹水的房子、許多關心我們的朋友、喜愛的工作、舒服的床……你將會發現，原來自己是如此的「富有」！

每一天都有快樂與滿足的時刻；但難道以前不是這樣嗎？差別只在於，現在你已懂得欣賞──這就是感恩的力量。

感恩的心，為靈魂創造了奇蹟。我們要做的，僅僅是問一問自己：究竟什麼東西是我們注意的焦點？只要我們把焦點放在好的事情上，人生將會打開新局；因為如果你每天皆心存感恩，兩個月後，你將是個完全不一樣的人。

你正在實踐一條古老的法則：「愈知感恩，就能得到愈多。」感恩之心，將為你開創願望的奇蹟。

快樂活泉

當我們吃香Q的白飯時，我們是在吃好幾個月的陽光、雨露、水和泥土的滋養。列一張清單，全心全意地感恩，感謝小事大事、生命中的每一件事。

放棄執著心扉開

適應色亦稱保護色，能隨季節環境而改變體色的動物，較具生存優勢。

譬如雨蛙在綠葉間時，身體呈綠色；但一跳到枯葉間，身體就開始變成灰褐色。而當墨魚游於白砂海底時，身體呈白色；但一游到海底黑色的地方，身體就會變成黑色。

更妙的是，如果黑色的海底有白色的物體，則墨魚又會換上一身黑白夾雜的顏色，來保護自己。

雜食性動物也較只吃一種東西的動物適應力較佳。譬如瀕臨絕種的熊貓，牠們就是只吃竹葉；相較於什麼都吃的動物，如烏鴉，牠老兄不論是水果、昆蟲、鳥蛋、老鼠、腐肉通通都可以成為食物，甚至連貝殼類動物也吃。所以即使很多民族都討厭烏鴉，但牠們還是活得挺好的。

不堅持菜色、食物的動物通常可以活得較久；而不太執著的人通常也可以活得較愉快。

古代有一個和尚，聽到其居住的村莊遭強盜洗劫，和尚有感平日村民們的照顧，決定要救渡村民，便獨自前往強盜的巢穴，結果被強盜捉了起來。

當強盜要砍他的頭時，和尚說道：「你們要殺我可以，但總要讓我吃飽啊！和尚死了沒有人祭拜，會成孤魂野鬼的。」

強盜們心想：反正活不成了。就拿了許多雞鴨魚肉給和尚吃，和尚也不在意，將食物統統吃光了。強盜看了很高興，打從心底喜歡，心想：「我們這些強盜是壞人，沒想到你這和尚也是壞和尚！」

和尚吃完飯又對強盜要求：「雖然我現在不會變餓死鬼，但死後還是沒有人祭拜啊！你們拿紙墨硯台來，我自己寫祭文自己唸。」

那些強盜認為反正有好戲看，也就順著他的意思。和尚唸完祭文後，對強盜說：「你們可以殺我了！」

結果強盜說：「你很可愛，我們不想殺你了！」

於是和尚順應時機說：「不殺我有個條件，你們要做我的徒弟。」

結果每個強盜都歡喜地拜他為師，也平息了村莊的災難。這和尚就是運用了很好的技巧——不執著。若是他死守戒律、原則，就無法救渡了。

其實，我們經常都太過執著，對任何事情總是緊抓不放。名利、慾望……就連「痛」也不放過，還把「痛」變成「苦」。

再看下一則故事：

古時候，有一位能征善戰的將軍，非常喜歡古玩。有一天，他在家中把玩他最喜愛的瓷杯。

突然一個不小心，瓷杯溜了手，好在將軍身手矯健，及時把它接住。不過，他也因此嚇出一身冷汗。

將軍心想：「我統領百萬大軍，出生入死，從未害怕過，今天為何只為一個小小的瓷杯就嚇成如此呢！」

一剎那間，他開悟了。原來是「被瓷杯操縱」使他驚嚇啊！就是這種對事物的執著，妨礙了原本內心的清明和自在。

梅拉妮・貝提（Melanie Beattie）在《無所執泥》一書中提醒大家：「我們想要控制的東西，控制了我們的生命。」當你學會捨棄執著，不再緊抓不放或全力抗拒時，你的生命就會開始流暢。

放棄每一個瞬間的執著，心扉自然敞開。

快樂活泉

太過執著，猶如握得僵緊頑固的拳頭，失去了鬆解的自在和超脫。

放下得更多

有一個老先生非常喜歡吃糖，又怕被別人偷吃，所以，就把糖放在隱密的瓦罐裡，這樣一來，別人就不到他的糖果了。

有一天，女兒正在忙著工作，竟然聽到父親數聲驚叫，連忙奔去察看……

「我的手，我的手，我的手！」

「你的手怎麼啦？」女兒急問。

「我的手塞在瓶子裡，拔不出來了！」

女兒一看，雙手握住瓶身，使出全身力量，要幫父親把手拔出來，但是無論怎麼用力，那隻手就像植根大地的樹木，怎麼也動彈不得。最後只好找了一塊石頭，朝著瓦罐那圓鼓鼓的腹身敲下，「噹啷」一聲，瓦罐應聲破成數片，露出老先生滿抓一把糖果的瘦手，堵在窄窄的瓶頸裡，硬是無法抽出。

貪婪，使他們得不到應有的，有時反而失去更多。我們常說：「捨得」，能夠捨，才能得；放下，才能提得起；要能提得起，便要先學會放得下。就像故事中的老先生，緊抓著一手的糖果不放，不但一塊糖也吃不到，反而浪費一個瓦罐，真是得不償失。

清朝著名的布袋和尚，他有一首偈——「來也布袋，去也布袋，放下布袋，何其自在。」這首偈的涵意，就是要人能割捨，放得下。

一塊木石，在匠人的刀斧雕鑿下，似乎是耗損、割離，但其實每一片材質削落的當下，正是一座絕美作品誕生的前奏。

「放下其實是另一種擁有。」曾聽過一位木雕師父這樣說。「快樂的關鍵不在於得到『更多』，而在於你願意放棄什麼？」

有一位傑出的記者決定「放下」新聞工作全心照顧家庭時，她的同事、朋友與讀者都震驚不已。這是一個職業婦女和全職母親之間的古老問題。然而，她放棄了工作，她希望小孩放學回家時能看到媽媽，她希望家裡充滿著溫馨。她想傾聽自己的心。

是的，「放下」使她擁有想要的。

你無法同時一週工作六十小時、養育健康快樂的小孩、歡醉於美滿的婚姻，還能擁有浪漫的假期。

你很想這麼做，我知道。但是沒有辦法。不管時間、身體、心理、情緒等各方面都不可能。我們必須有所捨棄。

許多女人在整理衣櫃時，經常牢騷滿腹，也是為了不知如何取捨。如果用不上，就將它捨棄，或把這些衣物送給珍愛它們的人吧！當原本雜亂無章的衣櫃變得井然有序時，那種滿足和舒適，將使你再次擁有空間和自由。

把垃圾桶擺在身邊，打開抽屜，從裡面挑出十件沒有用的東西來丟掉，例如不會走的手錶、歷史悠久的維他命、顏色不好的口紅、壞掉而不能穿的鞋子，生鏽而不能用的老虎鉗和電器拆下來的廢電池和螺絲等。你也很清楚，這些連小偷半夜闖進家裡偷走你都不會在意的東西，你還要繼續收藏嗎？

每個月只要幾次，每次丟掉十件廢物，不用多久，你的房間看起來就會有原本的兩倍大，甚至讓你感覺採光更明亮、空氣更流通。接著，彷彿有一種寬闊而舒適的感覺在你的身心舒展開來。

生活的道理也是一樣。許多人告訴我，他們知道「放下」的好處。但總是抽不出時間放下工作，放下自己，然而，每年就連幾天都抽不出來，就更需要放假了！

我偶爾會設法放下工作離開幾天。每隔一段時間，我便感覺到這種需要。遠離塵囂，去誘人探訪的地方漫遊。這使我有機會傾聽自己的心靈，洗淨俗世的牽絆。就這樣，什麼都不做，什麼都不想。

心空了，才能讓美好的事物進來；放下處，有更寬闊的轉寰；放下時，才能有更多的捨得。由於放下，我們被解放了。

快樂活泉

人到了一定成熟度之後，不應該再拚命用「加法」，而應該用「減法」，回到自己的原點，找回自己。

堅強的微笑

小說家愛倫坡曾說：

「人生，是由微笑和啜泣所構成的。」

你可以選擇像小丑一樣，

將溫暖幽默帶給大家，

也可以選擇落幕後的辛酸獨飲。

想開點吧！

人生中若遭遇小小的不幸，

或許可以讓你擁有度過更重大不幸的抵抗力！

人能知足心常樂

前陣子，我被那些我想買，卻擔心血本無歸的投資弄得心力交瘁，陷入惡性循環中。我愈是去想我所損失的，我就愈發沮喪。而愈沮喪，就會去想我所損失的。

「有了貪念，就永遠不能滿足；不滿足，就會感到欠缺。」在看過證嚴法師《靜思語》的這句話後，有如醍醐灌頂，當下頓悟。

我閉上眼睛，想著自己的生命。我擁有的實在夠多了，也有太多被我視為理所當然。如果我不知欣賞已經擁有的東西，又怎能要求更多？

林語堂曾懇切地說：「滿足的祕訣，在於知道如何享受自己所有的，並能去除自己能力之外的物慾。」

你愈是拒絕在你的現狀中尋求可以令你滿意的事物，你的不滿就會持續得愈久。你愈不滿，就愈沮喪，愈乞求於憧憬、期望、可能……等。與其埋怨你目前的處境，何不藉著學習來欣賞自己，珍惜自己目前所擁有的一切？

貝蒂・戴維斯（Bette Davis）在她的回憶錄《孤獨生活》（The Lonely Life）中寫道：「任何目標的達成，都無法帶來滿足，成功又引發新的目標。吃下去的金蘋果帶有種子，這是永無止境的。」除非你肯深切地與自己對談，否則永遠不會滿足於自己所擁有的。

在我們的生活中，到處都充滿著機會，人人豐衣足食。生活中有這麼多令人覺得幸福的東西，但我們卻變得越來越不幸福。難怪老子會感慨地說：「禍莫大於不知足，咎莫大於欲得。故知足之足，常足。」

真正的喜悅不只是銀行戶頭裡的錢，也是一顆滿足平和的心。問問看快樂的人需要什麼，他們很可能會回答：「沒什麼。」

快樂的人珍惜已有的東西，已經很滿足；就連我們認為是消極、悲哀或沒有價值的事情，他們也能看出其中的積極意義。

真正的喜悅不是一味追求，而是不妄執著，每一天都懷著一顆滿溢的心。

俄國文豪托爾斯泰寫過一篇小說，大意是地主為感激僕人辛勞，決定送他土地。地主答應他早上日出時騎馬出去，日落回來，能走多大一圈就圈多大的地。這個人很貪心，拚命馳馬，日落回來，結果累得送掉性命，得到的只有葬身的一小塊地。

希臘哲學家克里安德，當年雖已八十高齡，但依然非常健朗。有人問他：「誰是世上最富有的人？」他斬釘截鐵地說：「知足的人。」無疑地，一顆知足的心，是真正的喜悅、真正的寧靜、真正的幸福。

快樂活泉

如果你的字彙裡沒有「知足」這個字眼，你將為「缺乏」付出昂貴的代價。

施比受有福

一九七七年的《響導》雜誌報導了一則山難的故事。

有一個人遭遇到暴風雪，迷失方向。由於他的穿著裝備無法抵擋風雪，以致手腳開始僵硬。他知道自己時間不多了。

結果他遇到另一個和他遭遇相同的人，幾乎凍死在路邊。他立刻脫下濕手套，跪在那人身旁，按摩他的手腳，那人開始有了反應。最後兩人合力找到避難處。

之後別人告訴故事中的主角，他救別人，其實也救了自己。他原本手腳僵硬麻木，就是因替對方按摩而消失。

「善心」是從不損失的投資。愛默生曾提醒我們：「要做一個為後來者開門的人，不要試圖使世界成為死巷。」他又說：「此生最美妙的報償就是，凡真心幫助他人的人，沒有不幫到自己的。」

曾獲奧斯卡獎的電影劇本作家羅伯特•湯尼說起一九八二年的時候，他的事業遭到重挫，同時與妻子鬧得不可開交；而他「無比鍾愛」的愛犬恰在此時又死了，真是令他悲痛不已。

「我獨自一人踟躕在荒涼的沙灘上，那兒放眼都是聖莫尼卡灣漂來的垃圾。我覺得自己真的是一無所有了。」

此時，沙灘上居然有對夫妻，走過來對他說：「對不起，我們碰到了一個麻煩。我們坐汽車到這兒，但因司機罷工，回程票作廢了，剩下的現金不夠回到市裡去。你能幫助我們嗎？」於是他把手伸進口袋，傾囊所有都給了他們。

湯尼繼續說：「此時我突然感到心情頓時開闊。我本來覺得自己徹底完了，但就在這個沙灘上，我竟然還能為別人做點什麼。這使我感到我還不是完全沒用，而且相信不管怎樣，一切都會好起來。」

善意的微笑，或肩膀上的輕拍，都可能將一個人從懸崖的邊緣拉回來。在幫助他人療傷的同時，我們也使自己痊癒。

施比受更有福。幫助需要幫助的人，其實對施者更有益處。我們知道來自「受」的快樂，是瞬間即逝的；很快地，我們覺得不滿足，於是又重新開始我們的追尋。

其實，快樂的泉源在於「施」──為別人奉獻，關注別人，與別人分享希望，分享自己的故事，也傾聽別人的故事。

人人互相關懷可以治療彼此的傷痛。正如印度諺語所說：「幫助你的兄弟划船過河吧。唔，瞧！你自己不也過河了！」

每一天、每一個人都可以安撫一個朋友、一位同事，或一個孩子的傷痛，而自己不悅的痛苦，也能隨之減少。愛是一種慰藉，愛別人，能讓我們覺得更有意義。

今天，我們願意為貧困潦倒的朋友伸出援手，這樣做，也將為我們的人生注入新的生命。將來回顧你的人生，你會發現，那些值得懷念的時刻都是你為他人付出的時刻。

快樂活泉

付出就像山谷的回音一樣，你付出什麼就回來什麼。

無味就是美味

密克羅尼西亞是由赤道附近許多小島聚集而成的總稱，所有島嶼面積及附近水域的總和，相當於美國的全部土地。

一九六〇年末期，美國開始投資大筆金錢，開發此一地區，這些中心區漸漸地成為美國城市的縮影，人口、汽車、商店、酒店、旅館……如雨後春筍般激增。

在生活現代化之前，島上的居民似乎過得非常快樂，氣候宜人，農作物也夠自給自足。由於他們生活平靜，就算是小小的刺激，也會使他們備感興趣和愉快。

然而當市中心區的範圍延伸後，密克羅尼西亞人的生活就變了。

隨著美國及日本觀光客的到來，新旅館一棟接一棟地建造，大量的島民湧入市區。很快地音響、收音機、電動艇、摩托車，甚至汽車都紛紛出籠。酒店吸引了許多追求刺激的人前往買醉，酗酒、打架之事也因此司空見慣，大部分島民也慢慢學會對奢侈、滿足的貪求。

一旦人類生活在高度刺激及物質化的生活中，我們就很容易上鉤。即使明知這種生活可能毀損原有的快樂，卻總是無法自拔。

許多人不停地抱怨大都市生活的壓力、醜陋，不健康，卻沒認清：其實是自己願意被煩擾。當你抱怨人群煩雜時，你就只知抱怨，卻仍無法離開他們。

所以，當你獨自一人在家受不了寂寞時，你或許打電話，或許打開音響或電視，不管是不是真心想聽、想看，但就是想找個伴。

刺激是會上癮的，吃慣重口味的人，炒菜不加鹽巴，簡直是食之無味。

為了追求刺激，我們吃下更多的糖、酒、咖啡因及刺激性藥品；以後則需更大量的刺激物才能滿足。

這也是為什麼買第一部裕隆時令人欣喜若狂，下一部車則非買部富豪才可能再得到相同的快感。我們的胃是愈養愈大，也愈來愈不易滿足。

人們繼續追尋更多刺激的同時，也發覺能使我們興奮之物愈來愈少，愈來愈難找到。

就像一個小孩平日習慣於玩某一個玩具；但在聖誕節當天收到許多新玩具之後，以前的玩具對他而言，就沒有吸引力了。

就算偶爾會拿出舊玩具，但所能帶來的樂趣，也不似以往所獲得的全然興奮與滿足。

有一天，在《老子》書中看到「五色令人目盲，五音令人耳聾，五味令人口爽，馳騁田獵令人心發狂，難得之貨令人行妨。」這段話，真是感觸良多！許多人以為享樂就是快樂，其實兩者截然不同。

一般吃喝嫖賭、縱情聲色之後所獲得的感官滿足，那是「享樂」；「快樂」是發自內心的舒適感，就像和煦的陽光，溫暖而持久。桃李會開出豔麗的花朵，但是不能像松柏一般經年常青；短暫而燦爛，實在比不上質樸的持久。

我們經常聽富人回憶年少時家庭如何拮据，一間房間擠一家人，一輛中古的老爺車，待哺的孩子和微不足道的積蓄。他們都認為這是他們最感幸福的時光。但長大成人後，卻一直追求物欲，把自己弄得筋疲力竭，何苦來哉！

生活原本很單純，複雜的是我們自己。襁褓中的嬰兒不懂烤肉的味道；對靈魂而言，無味就是美味。

即使是淡而無味的白開水，飲久了，舌頭似乎也會嚐到難以言喻的甘純甜美。這世間真正耐人尋味的，不就在粗茶淡飯中嗎？

快樂活泉

最可貴的人生是返璞歸真，
最富足的生活是似無為有，
最高尚的品味是淡中有味。

得意的一天

我在跟患者說話時，常注意到他們的變化。前一分鐘，他可能表現非常平和，可是下一分鐘卻又變得消沉、自怨自艾起來，而且講話聲也不同。

絕大多數的人，也都常被「沮喪情緒」所苦，只聽到失衡那邊的聲音

你是否也察覺到，如果某一天開始時有什麼不對勁，你所謂的「預感」往往使事情更糟。你的憂悶會加深，而你的態度可能意謂著災難將接踵而至。當你帶著慍色和深沉的舉止面對他人時，碰到的人也會因你的態度而還以顏色。

這時你便處於陰鬱、黑暗的沮喪中，你的悲觀會回報到你的身上，再形成你的恐懼與不幸。你的沮喪、憤怒、紛亂以及挫折，最後將導致真實的身體症狀。

沮喪的情緒並非不可打破。通常，人在剛醒來時的心情會最低潮。你躺著不起身，這些失敗的想法就像一床棉被似地籠罩著你。

如果你爬起床，用五分鐘想想美好的事物，說出：「謝謝這美妙的一天」。那麼這一天將會是一個美好的開始。

法蘭克・柯斯特（Frank Kostyu）曾描述下面這個故事：

我在鎮上碰到了一位朋友。那天的天氣陰冷潮濕。因此可以想見，天氣必定是談話寒喧時的開場白。

「今天天氣真是陰透了。」我先說道。

然後，這位朋友接著告訴我一樁也是發生在如此陰沉的日子，他親身經歷的趣事。

某日早晨，天氣惡劣，他心情沉重地正要離家去上班，住在他隔壁的鄰居適巧也要出門，看到他便開朗地和他打招呼：

「嗨！吉爾先生，今天真是一個好日子！」

我的朋友聞言，便抬起頭環顧一下四周。一眼瞥見許多樹木還尚帶秋天的色調，空氣是清新沁涼的。

他的心情稍轉開朗，回道：「是呀，今天是個好日子。」

於是挺起胸膛啟步向前，走到街角的理髮店時，他和店裏的師傅們愉快的打招呼：「今天真是個好日子！」

師傅們微笑回道：「的確不錯。」

當他到達自己的店裡，他對店員們說：「今天真一個好日子！」大家都抬頭看他，展顏微笑。

那天，不論他到哪兒，所到之處，都為別人帶來喜悅、快樂的氣息。傍晚，當他下班回到家裡，他對太太說：「今天真是一個好日子。起初有點陰沉，可是一會兒之後，每件事似乎都有了轉機，跟著一整天便都神采飛揚起來了。」他太太也感染到他的好心情，似乎也快樂起來了。

每天清晨帶著好心情醒來，是擁有美好一天的重要技巧。梭羅（Henry

Jhoreau）這位美國的哲學家，總是在清晨醒來，躺在床上想一想所有他能想到的好事情，然後，再起身迎接這個充滿美好事物、美好人們、美好機會的一天。

你對生活的態度，可以從你「如何面對清晨」這件事上看出。怎麼面對清晨，就怎麼過這一天。

深銘於心，每一天都是這一生中最美好的日子。（Write in on your heart, that every day is the best day of the year.）

永遠都把今天當成生命中最好的一天！擁抱著這樣的信念，當然就日日是好日，天天有藍天。

快樂活泉

一早起來，先躺在床上，大聲對自己說：今天將是美好的一天，一定有很棒的事情會發生的！然後帶著這種期待的心情出門。

睜開無常之眼

在印度有一位孤寡的母親，膝下只有一子。這位母親對於獨子疼愛有加，生怕一個閃失，失去了唯一的寄望。

有一年，村落流行一場瘟疫，寡母鍾愛的兒子不幸地也死於這場疾病。傷心欲絕的母親不能接受這個殘酷的事實，每天摟抱著氣絕已久的孩子，號啕大哭。

從此婦人就像瘋子一般，碰到任何人便哀哀祈求：

「我的孩子死了，天哪！誰能救救我的孩子？」

可憐的婦人活在喪子的悲痛之中，哭斷了柔腸，街坊鄰居都愛莫能助，不知如何來幫助她。

直到有一天，佛陀到此地宣教說法。許多村人不忍婦人沉淪在痛苦的深淵，把婦人引進到佛陀的座前，希望佛陀給她一些啟示。佛陀慈悲地看著婦人說：「婦人家！你只要找到一樣東西，我就有辦法救治你的孩子。」

絕望中的母親，聽到之後懷著無限期盼的眼神對佛陀說：「佛陀！只要你能救我的孩子，任何東西我都願意去找！」

「你如果能找到吉祥草，把它覆蓋在你孩子的身上，便能起死回生。」

「什麼叫做吉祥草？要到哪裡才採得到呢？」

「吉祥草生長在從來沒有死過親人的人家之中，你趕快去尋找吧！」

懷著一線希望的母親，鍥而不捨，挨家挨戶地尋找，每到一戶人家，便恭敬合十問道：「請問你家曾死過人嗎？你家裡有吉祥草嗎？」

「我家沒有種植什麼吉祥草。數月前我家老人才剛過世。」

問了很多人家，就是沒有一戶不曾死過親人的。婦人失望極了，世間之大，竟然沒有一個人能夠救她的孩子。佛陀於是開示她說：

「你終於明白，任何人家沒有不曾死過親人的道理。世間上一切萬法，有生必有死，有生必有滅，諸行無常的生滅現象，是自然的法則。因此你兒子的死亡，也是一種必然的實相。」

人生的無常，一如風雲的變幻，白雲蒼狗，滄海桑田，去的不斷去，來的也不斷地來，沒有任何事是永遠不變的，一切總是那樣地無常。

甘迺迪總統的被殺、黛安娜王妃的車禍，或是李登輝總統、布希總統的喪子之痛等。即使是貴為帝王之尊，尚有如此境遇，更何況庶民百姓！

俗話說：「墳墓裡埋的是死人，不是老人。」誰又能保證自己下一刻安然健在呢？

戰國時，齊景公帶了晏子、史孔、梁丘璩等，一起去遊牛山。齊景公東望西看，不由感慨地說道：「我國境內美景真多，可惜人生太短了！」說著說著，眼淚就流了下來。

於是，史孔、梁丘璩也跟著齊景公哭了起來。可是晏子卻大笑不止！齊景公詫異地問：「我們正為人生苦短而悲泣，你為何這麼快活地笑？」

晏子回答：「如果人生不是如此短促，前朝代的大王現在還活著呢？那麼就沒有機會讓您登上王位了！」齊景公如夢初醒，立即停止了哭泣。

曾經讀過宋儒邵康節（自號安樂先生）的一首詩：

「前有億萬古，後有億萬世。中間一百年，作得幾多事？何況人之生，幾人能百歲。如何不喜歡？將自身憔悴。」

了解了人生的無常，不是讓人消極、悲觀、放棄一切希望，而是讓我們覺悟、解脫，凡事以「如何不喜歡」的態度面對。當我們能夠睜開「無常」之眼，觀看這個世界，我們的心情自然能獲得永恆的喜悅。

快樂活泉

如果打從開天闢地來就只有平和安詳，那麼侏羅紀時代就不會搬上銀幕，而是我們活生生的生活。人類包括你我，又怎麼會花錢去看恐龍呢？

得未必得，失未必失

犀牛的身軀龐大，表皮粗厚，又有尖銳的犀角，幾無天敵。不幸的是，犀角據說有壯陽作用。這項傳言，使牠們慘遭獵殺。

貂鼠的皮毛雪白，這使牠們在雪中獲得掩護，而能逃避獵食牠們的天敵。不幸的是，牠們厚重、雪白的皮毛卻被人類覬覦，而將牠們剝來做貂皮大衣。原本有利於貂鼠生存的厚重皮毛，竟成為讓牠們喪命的罪魁。

《莊子》的一個寓言故事說——

樹木被拿來做斧頭的柄，反而用來砍伐它自己；油脂被用來點火，結果把自己燒光；桂樹可以吃，被人砍下來吃掉；漆樹可以防腐，被人用刀割下。

在任何事物中，都有好壞兩面的可能性。就像藥一樣，能治你的痛，也能讓你產生種種副作用。

再如喝酒、聊天、聚餐應酬，有時是令人快樂的事情，但長期下來，因此而中風、肝痛、高血壓、身體疲勞，如此是快樂還是痛苦呢？

收集名畫、黃金、古董，是賞心悅目的；一旦收集太多，太有價值，便會擔心被破壞、偷竊、天災、人禍。若請了保鏢來保護，搞到最後連自由都沒有，整天神祕兮兮，這樣是得還是失？

不能超脫得失，就只因大家樂中獎、吃到一桌滿漢全席，或升了官、發了財這種外在情境的牽引，那麼這種歡樂能在心裡停留多久？又焉知今天這種種歡樂不會成為明天種種悲苦的因緣？譬如說，因中了大家樂或穿上貂皮大衣而引來盜匪，甚至釀成殺身之禍哩！

任何事物皆有「互為因果」的關係。今天這種看起來是「得」的事物，可能已種下明天另一件事物「失」的因子。相對來說，明天之「失」，也可能是後日之「得」的因。

颱風淹水，有個乞丐父親和兒子看見這樁天災。

「爸爸，很多房子都被水淹了！」

「嗯，不但是房屋、裝潢、衣服、車子都泡湯了。」

「還好，我們沒有房子，也沒有東西，不必為水操心，也不會蒙受損失。」

如果說，一個作家的最佳靈感是不快樂的童年，那麼也許由痛苦中會產生一位未來的暢銷作家，轉而幫助少年失業的孩子。

人生是多面向的，失中必有得，得中亦有失。「失」時，應努力去發掘「得」在何處？並努力利用它、享用他，那麼你將透悟得未必得，失未必失的道理。

快樂活泉

愈多的罪犯被鐵欄杆關起來，就有愈多的人用鐵門窗把自己關起來。錢愈多，關得就愈密。

為自己擁有的而活

「不要感嘆你失去或未得到的，珍惜你還擁有的。」這是我經常對學生講的一句話。

叔本華（Schopenhauer）也曾告誡讀者：「我們很少想到自己擁有什麼，卻總是想著自己欠缺什麼。」這常是情緒失調的重要原因。

「惜福」的觀念是我們社會最需要培育的。「人在福中不知福」，每當到醫院加護病房，看到許多病友正為生命奮鬥，才覺得健康是如此可貴；參加了親友的告別式，才更體悟生命的可貴。

直到不幸的事情發生，才意識到過去是多麼幸福。無疑，在不幸降臨之前，我們一直在不斷地追求幸福；但卻不知道，事實上我們早已擁有幸福。

幸福，往往是身受時不知，失掉後方覺可貴。

李・索克博士是紐約康乃爾大學的兒科學教授，著名的兒童心理學家。他經常提起他母親在俄國長大的經歷。她小時候，為躲避哥薩克人的騷擾，被迫離鄉背井。他們的村莊被燒成了平地，她躲在乾草車中、藏在水溝裡，才撿回一條命。最後，她擠在輪船的底艙裡，飄洋過海來到了美國。

索克寫道：

即使在我母親結婚生子後……她仍然每天為果腹而奔忙……但母親總要我們多想「我們有什麼」而不要想「我們缺什麼」。她告訴我們，在逆境中可以培養對「美」的欣賞力。因為美無處不在，即使在最簡樸的生活裡也不例外。

她執著地傳授給我們的人生態度就是：天真的很黑的時候，星星就會出現！

「不為自己沒有的悲傷而活，要為自己擁有的歡喜而活。」當沮喪的時候，試著想一切使你的人生值得活的美好事物。

你有沒有四肢與眼睛可用？有沒有關心你的父母或伴侶？有沒有愛你並且需要你的孩子？有沒有什麼是你未來的期待？——一個假期，還是一個聚會？你有沒有一本想看的好書？還是一個想觀賞的電視節目？一次你等待的邀約？

把你擁有的所有美好事物都寫下來。然後在腦子裡設想這些事物一樣一樣都被剝奪了，那時你的生活會變得怎樣。等你充分體會到了這種失落空虛的感覺，再慢慢地、一件一件地把這些寶貝還給自己，這時你一定會驚訝地發現自己好多了。

「數數你擁有的幸福」這個練習，能讓你的心情飛揚起來。

快樂活泉

天真的很黑的時候，星星就會出現；天真的很冷的時候，春天即將來臨。

苦樂是一體的

「這可是會很痛的。」

當護士開始將灼人的化學藥物注入老先生血管時說道。他則瞇著眼，抿著唇，幾近顫抖地回答：「那麼，等到不痛時，感覺一定很棒。」

化學藥品是如此灼痛，老人深刻的回答，使我體悟到生命中苦樂一體的經驗；在感受如此深遠的痛苦之際，發現不痛實在是種「重生」的喜悅。

一般人認為，痛苦就是快樂的相反詞。這種觀念是錯誤的，快樂與痛苦就像一對孿生兄弟，是一體的兩面，經常互為因果。

常有人說，生過孩子的婦女若記得生產的痛苦，她們絕不敢再生。可是孕育新生命的喜悅超過痛苦，使得她們在生產過後幾乎忘得一乾二淨。

同樣的，如果我們老是記得與親愛的人生離死別的痛苦，我們絕不敢再對別人付出感情；可是不然，我們會重新開始，因為我們會忘懷。喜悅壓倒了愁苦，它擁有比愁苦更強大的力量。

歡樂是克服苦痛之後的滿足。一個不曾嚐過痛苦滋味的人，無法體會快樂的可貴。

如果你曾經有過鞋子裡跑進小石子，走起路來非常不舒服的經驗，一旦你拿出這個小石子，一定會覺得非常舒服；尤其拿掉石子的一剎那，感覺必然特別快樂。又如在長期雨天之後突然放晴，可以帶給人歡愉的心情；但假如每天都頂著大太陽，你大概就無法體驗晴天的喜悅。

當你正抱怨著寒冬襲人之際，你可曾想想躺在熱氣蒸騰的浴缸內的舒暢？想想和三五好友圍著一口麻辣火鍋的歡暢？只有寒冷的冬天，你才能享受到這種暖暖的感覺。所以，「享福」與「受罪」加在一起，就叫「享受」。

許多人不想結婚，是因害怕承擔家庭的責任，認為它將帶來痛苦。然而，不結婚雖能避開承擔家庭責任的痛苦，相對的，也喪失了享受家庭溫馨的快樂。

生兒育女是件麻煩痛苦的事，但是，若放棄這份痛苦的承擔，終將無法體會到與孩子共同成長與含飴弄孫的喜悅。

真正的人生，要在樂中能知苦，苦中也能體會樂的甘美。

絕望之時，希望總在心底蠢蠢欲動；垂死之際，我們尤其感到生命的脈衝；孤獨之中，則更深切體會到親密的關係及友朋的支持。苦痛無疑是一個偉大的老師，星辰若不燃燒，將無法顯得璀燦；人生若少了疾病的磨難，便無法真正體驗健康的可貴。

苦即菩提，最大的苦，引導我們走向最大的自由。如果不是走過逆境，你又怎麼會知道無波無擾的日子，其實是最幸福的？

「令人難以置信的是，那些負面時光竟有助於帶來美好時光。」一位病人說道。「我想你總不能僅著眼於生命中各種美妙的時光，否則，你將只能活在半數的時光中，而無法擁有全部的生命資產。」

苦痛原是我們生命的一部分，正如植物的成長，總會帶來不可避免的修剪。受苦的過程，其實亦代表著康復的過程。

很多病人說：「生病反而帶給我們生命。」這些病人患病後，反而學習到愛、關懷、互助，也了解到生命的意義。

藉著不同的觀點創造出不同的現實，即使在最痛苦難熬的時刻，我們也應牢記「另一面」的光亮，將痛苦看成健全的另一面，不再責難自己或怨天尤人。如此你將為自己尋得生命的活泉。

快樂活泉

痛苦與快樂是並存的，何必一昧沉浸在痛苦中自怨自艾，你大可到黃蓮樹下彈琴，來個苦中作樂！

冷卻你的憤怒

班傑明‧富蘭克林（Benjamin Franklin）曾說過一句老生常談，卻顛撲不破的真理：「爭吵是一種兩人玩的遊戲。然而它是一種奇怪的遊戲，沒有任何一方曾經贏過。」

假如你跟人爭辯，當場辯輸了，那就輸了；但是當你辯贏時，事實上，你還是輸了，因為你再也得不到對方的善意。

所以爭辯並不能帶給你任何勝利，只是一種傷害的開始，當你辯贏對方時，那就是你傷害他的開始，這是我們要有的認知。

有句話說得很好：「如果你贏了一場爭論，就輸了一個朋友。」這句話還可以改寫成：「如果你贏了一場爭論，就會輸掉一個結果。」這個結果是你在爭論時尋求的目標，最後卻使你的目的偏移了。

我們都常聽到衝突的雙方的說詞：「是『他』先開始的！」然後繼續聽下去，你可能也會聽到：「沒錯，但我那麼做是因為之前你所說的話！」接著是：「可是我那麼說，還不是因為你的行為先傷了我的心。」……如此地沒完沒了。這種雞與蛋的典型辯論是不會有任何結果的。

最好的辦法就是，找個理由告退吧！缺乏善意與尊重，不會帶來好結果。在這種情況下，與其喋喋不休，不如沉默。沉默地離去，去散散步，或者避到另一房間，試著釐清自己的感受，看看是否找得出辦法，重新開始。

一個流傳許久的玩笑說：

有人問一對結婚已經五十年的夫妻，婚姻幸福的祕訣。老人回答說：「我跟妻子結婚的時候有一個約定，這個約定是：當她有煩惱的時候，她可以跟我講；而如果我對她有所不滿的話，我則出去散步。我們的婚姻之所以成功、美滿，是因為：我大部分的時間是在戶外過的。」

如果你感到憤怒，那麼就帶著它出去散步一會兒吧。它們也許就會長翅膀飛掉了！

憤怒總是熱的，要降低這種情感的最佳方式，就是冷卻它。冷卻不是壓抑，而是用冷靜的腦為胸中的怒火降溫。就讓平交道上的三個字：停、看、聽，作為處理狀況時的要訣吧。以下就是一個未能冷靜反應，而造成悲劇的真實故事。

十四歲的小女孩結束訪友提早回家。在父母返家之前，為了想嚇他們一下，就躲在房間衣櫥裡等。她的父母並不曉得女兒已提早回來，等他們進屋，聽到房間裡有異響，馬上以為有賊闖入。男主人就持槍到女兒房間裡搜查。

女兒一聽爸爸進來，「嘩！」的大喊一聲從衣櫥裡跳出來。爸爸一嚇，槍一抬，就打中女兒的脖子。十二小時之後，終在醫院不治。女兒死前的遺言是：「爸爸……我愛你……」

這個父親在事發當時，就是不夠冷靜，不曉得暫停一下，給自己建立一個緩衝區，以確保在橫衝直撞之前先停看聽。憤怒的道理也是一樣。

富蘭克林說：「憤怒起於愚昧，而終於悔恨。」

不妨自問一下：「最近所遇到令你變得火大的某件事，到底讓你冒火的引爆點在哪裡？自尊心受到挫折？被擾得心情大亂？被別人的粗魯無禮氣得受不了？夫妻不合吵起來？一直被嘮叨？

而事情過後，你是否有悔不當初的感覺？發過火後，是否有獲得你想得到的後果？是否在事後別人變得對你更好、更喜歡你，或是正好相反呢？

有位個性急躁的女士，對牧師大吐苦水時問道：「牧師，我發脾氣才不過只有一分鐘而已，為什麼朋友卻紛紛離我而去？」

只見牧師若有所思的回答：「原子彈爆炸前後也只有一分鐘而已，但請想想它所造成的危害。」

第一顆原子彈，是美國物理學家奧本海默博士監製完成的。當時美國國會曾組織一個委員會，諮詢奧本海默博士對這樣的武器，有什麼力量可以加以防衛？

奧本海默博士很堅定地回答：「當然有，那就是……」說到這裡，他對議論紛紛，等待答覆的列席委員掃射了一眼，然後肯定的說：「和平。」

證嚴上人曾開示大家：「一般人常言：要爭這一口氣。其實，真正有功夫的人，是把這口氣嚥下去。」先忍忍吧，在情緒惡劣的火山口，你噴出的只會是岩漿和烈焰。燒灼了那個令你生氣的人或許很痛快，卻也很難不被自己的怒火所灼傷。

記住林肯的這句話：「最好是讓路給一隻狗，不要和牠爭吵，以免被牠咬。因為即使殺了狗，也治不好你的咬傷。」

好啦！該消氣了，與自己和這個世界簽下和平協定吧！

快樂活泉

記住這句話：被爛蘋果打到頭，而能不生氣，才能成為牛頓！

不要集中注意於缺憾

孫太太是一個慣於抱怨的婦人，尤其她對自己經營的農場更常滿腹牢騷。

這一天，孫太太的農場大豐收，馬鈴薯的產量和品質都創下空前紀錄。住在農場附近的鄰居們心想，現在孫太太應該沒什麼好抱怨的了，因此向她道賀：「孫太太，今年妳的農場可是大豐收啦，妳該高興了吧？」

誰知道孫太太仍然抱怨：「不錯，可是教我去哪裡找來那麼多壞的馬鈴薯餵豬呢？」

人的慾望是永無止境的，在這山望著那山高；低頭俯視腳下的草地，老是抱怨石粒多、蚊蟲多，不滿之心油然而生。讓我們再看看下面的故事。

獄史帶囚犯赴刑場時，正下著很大的雨，路上一片泥濘。於是囚犯嘆息著說：「真要命，下這麼大的雨。」

獄史回頭看看囚犯，頹喪地回答：「你還好，我比你倒楣多了，我要走回去哩！」

反面的抱怨非常容易。只要你夠嚴厲，任何事情都可以挑出錯。正如有個禿子所說的：「每次我走進人多的房間，只會注意到人家沒一個是禿頭。」破壞心情最快的方法，就是只集中於注意缺憾。

我們總預期生活的一切完美無缺，只要有一丁點兒不對，就足以教人抓狂。無論在塞車，或在辦公室裡遭到不平的待遇等等，都讓我們既批評又惱火。也就是說，我們把注意力集中在生命的負面，全然忘了人生的光明面。

有一首義大利的哲學詩是這麼寫的：

欣賞你花園中各式花朵，

別在意那些落葉。

細數你生命中的黃金時光，忘掉那些不愉快的回憶。

夜晚應仰望星辰，而非暗影，

生活應充滿歡樂，而非哀傷。

每年歡度生日時，

年歲應視朋友多寡，而非年齡。

讓我們多發掘快樂，少碰觸哀傷；感謝生命中所擁有的，不要計較所失去的。

「不在擁有你所愛，而要愛你所擁有。」這就是讓心情好起來的祕訣。

快樂活泉

你愈去注意某些事，那些事在你心目中所佔的份量，就會愈重。

不要收集怨恨

我曾與一位年輕的媽媽談話，她因憤怒而痛苦。原因是她的公婆對她說了一些不友善的話。

她說：「我再也無法和他們恢復昔日的關係，往後的日子，教我如何面對？」

我提醒她，說她既是無辜的受害者，似乎不該承受那麼大的罪過，請她不要太傷心；但她愈說愈激動。

「氣死我了！」她哭著說：「總有一天我會想辦法報這個仇，讓他們也嚐嚐這種滋味！」她的臉色十分嚇人，成串的淚水頓時奔流而下。

我為這女人感到遺憾。在這種「恨」的情緒中，最大的受害者就是她本人，而不是她的公公和婆婆。有些人無法原諒別人，因為他們相信「原諒」就是赦免傷害他人的行為。事實上，當你原諒某人，並不表示你讚許他的行為，因為原諒與其他人無關，僅與自己有關。

原諒是學習放下，不允許「怨恨」再控制你的生活。你沉浸於怨恨愈久，便禁錮在自己否定的思念中愈久。你或許以為不原諒是為了保護你自己，但實際上不然。不肯原諒的結果，受傷害最大的還是自己。

年少的時候，我讀《基度山恩仇記》，書中有幾句話說的很有道理：「仇恨原是盲目的，憤怒則會使人喪失理智。以復仇的手段來宣洩一己痛苦的人，最後只會將自己帶進更苦的深淵。」

「怨恨」一辭意謂著「再感覺」（re-feel）。若你因某個人誤解你或傷害你而怨恨他時，你將「再次感覺傷害」，利用怨恨再次打擊自己。

希伯來的猶太法典（Talmud）上說，一個滿腹牢騷的人，「就像割傷了一隻手，而手中仍握著一把刀的人一樣。他用刀割另外一隻手，以報復他自己。」這是多麼愚蠢啊！

你可以收集郵票、錢幣、電話卡等等，但千萬不要收集怨恨。有些人在心底貯存怨恨，就好像那是寶物似的，別人傷害他的事，每一件他都放在心上。他們收集委屈不平，就像收集用過的餐具，一件一件擺在櫥架上亮相，沒事兒還拿出來瀏覽一番。你說，這不是自討苦吃嗎？

一輩子背著一大堆的恨，是相當沉重的負擔。除了增加眉間的皺紋外，還會破壞自由和快樂，何不盡快拋掉它們？沒有哪個人是完全無罪的。如果我們想原諒自己的行為和缺點，不妨試著由原諒別人開始。這跟正義無關，有時候即使我們被誤解了，為了我們自己好，還是必須原諒。

哈理•愛默生•福斯狄克（Harry Emerson Fosdick）說：「痛恨別人，就像把自己的房子燒掉，只為了趕走一隻老鼠。」

說的一點都沒錯。假如我提一袋死老鼠來給你，是誰一路上聞著死老鼠的臭味？當然是我。而死老鼠會讓我的袋子發臭，那麼我腦中的恨意和報復之心等等，是不是同樣會戕害我的心靈？一件發臭的袋子，你可以丟掉；一顆蒙塵的心靈，當然也可以洗滌。

不管你承不承認，只要你對過去耿耿於懷，便不可能真實的改善現況。除非你已學會原諒，否則我可以保證，不管你怎麼做都不會有用的。

培養寬恕心去原諒別人，因為他們只是人。原諒自己，因為你也只是人。如果你懷恨在心，可能傷害別人，但積聚在心中的怨恨，一定會傷害自己。

無論你經過多少時間才肯原諒別人，但請盡量在十五、二十分鐘內就想辦法原諒他，這將會使你減少許多痛苦的時間。別以為不可能，當你讀到這兒，應該知道如何做智慧的選擇。

藉著原諒，我們澄清了心靈中使我們無法感受歡愉的否定情感。

快樂活泉

小孩比大人更富有，因為小孩用「撲滿」存錢，而大人則用「不滿」存了一堆垃圾。

不要自尋煩惱

吳太太是一家超市的副理，也是我的病人。她一直為生活中的憂愁所苦，以致未曾遠離過醫院。

她憂愁店裡是不是要補充水果、番茄醬或狗飼料；她憂愁是不是有許多顧客在等待服務；她憂愁可能沒有客人；她憂愁是否會下雨，害怕顧客不來；她也憂愁陽光普照，顧客都跑去郊遊，使得火鍋料會賣得較差。她憂愁一切事情，於是她生病了，卻又查不出原因。

這位女士就像走在街頭時，絆倒在自個兒的高跟鞋上，卻四處搜尋，想找出絆倒她的到底是誰？

我想起一個伊索寓言：

一隻老鷹站在一塊很高的岩石上，注視著一隻牠想獵取的兔子動向。有個獵人看到了這隻老鷹，很精確地瞄準後，射了老鷹致命的一箭。老鷹看了那隻射中牠心臟的箭一眼，也看到了箭上的羽毛是牠自己的。

「對我來說，這真是一個雙重的哀痛，」老鷹很悲傷地喊著：「我居然死於一支用我自己翅膀的羽毛做成的箭。」

所謂「憂能傷人，愁能殺人。」許多憂愁過度的人，就像被自己羽毛射中的老鷹一樣，自己毀滅了自己。因此，不要讓憂愁、恐懼、焦慮、哀傷等等自毀的情緒，像白蟻蛀蝕木頭一般，盤據在你的心頭。假如你將憂愁的事，一遍又一遍地在腦中翻來覆去，就會像鞋帶每天拉拉扯扯的磨損，遲早有一天將被扯斷。

其實，現代人最大的煩苦，並不是來自於一些不可避免的事，而是「庸人自擾」。我們時常犯下「自說自話、自以為是、無病呻吟」的毛病，搞到最後，「自討苦吃、自陷絕地」，甚至「自掘墳墓」。

有一個人以為自己得了癌症，便跑去看醫生。醫生問他哪裡不舒服，他回答說沒有。

醫生又問：「你最近體重有沒有減輕？」他也說沒有。

「那你為什麼覺得自己得了癌症？」醫生忍不住這麼問他，他說：「書上說癌症的初期毫無症狀，我正是如此啊！」

沒有任何事物，比無中生有的憂愁更愚蠢了。有一句老話說：「你無法不讓鳥兒飛過你的頭頂，可是你可以不讓鳥兒在你頭上築巢。」

記得有一回，我和渥克（Walker）教授一起前往紐約。不巧的是風雪即將來臨，而我們距離目的地還有一大段路。

這種氣候令我憂心不已——擔憂天氣是否會變暴風雪？我們會不會趕不上約定的時間？假如趕不上的話怎麼樣？諸如此類的問題一直困擾著我。

此時，渥克似乎已看出我的心事，他說：「權峰，就讓老天控制它的天氣，我們控制我們車子的方向盤，和專為風雪設計的輪胎吧！你又何必杞人憂天呢？」

許多人不也都是這樣？對明日，甚至對下一刻憂懼。馬克吐溫晚年時自承道：「我的一生大多在憂慮一些從未發生過的事。」未來的命運雖不可測，但不斷預支著未來的不幸，不是破壞了此時此刻的心情嗎？未來的不幸不見得真會發生，然而無謂的憂慮卻讓我們失去現在的平靜。

富蘭克林・皮爾斯・亞當斯（Franklin Pierce Adams）以失眠做比喻。他說：「失眠者睡不著，因為他們擔心會失眠；而他們之所以擔心，正因為他們不睡覺！」

憂愁會變成宿醉的頭痛；可是，酒又是誰決定要喝的呢？

快樂活泉

快樂不能強求，但煩惱卻是可以避免的。

一斤的憂愁，也貼補不了半兩的債務。

人是人，我是我

你很在意別人的看法嗎？你總是為別人而裝扮嗎？你曾寄卡或送禮給自己不喜歡的人嗎？進店裡沒買任何東西，你會覺得不好意思嗎？如果不合別人的意，你會一直耿耿於懷嗎？

從前的我便是這樣。我總是照著自己想像中別人的期望去做，害怕別人失望；又時時擔心可能順了姑心失嫂意，不知不覺中，也就放棄了「自我」。

多少年來，我試圖弄清現在的自己，到底是真正的自己？還是別人塑造出來的？我常自問：「我真的忠於自己的需求，或者只是為了滿足別人的期望？」為什麼不做一個容易且快樂的自己？

從前，若有人在背後批判，我會既生氣又不平；現在呢？我會一笑置之。過去別人讓我懊悔，讓我消沉的事，現在看來卻不算什麼。因為我已體認自己做人的價值。

將生命的焦點專注於別人的目光，是一種非常愚蠢的生活方式。老是顧慮著：「人家怎麼想呢？」或是「這符合別人對我的要求嗎？」將使你失去自己。

有一個年輕小伙子訂婚之後，發現他並不愛他的未婚妻。在婚禮前夕，他竟躲起來了。他不喜歡那個女孩，可是他不願意當一個背信的人，更重要的是，他害怕別人會說他欺騙她的感情，以致不敢解除婚約。

於是他精神崩潰了，心情低落至極，總想自殺。結果兩年之後，他還是娶了那個女孩。

後來證明，他婚前的疑慮是對的。他的妻揮霍無度，讓他債台高築。事實上，她的精神大有問題，不但脾氣火爆，動輒爭吵不休，閒著沒事就衝著他砸杯動盤的。然而，他在婚前既然擔心別人的評價，婚後也會因為同樣的理由而不敢離婚。

他的名字是：亞伯拉罕•林肯，美國第十六任聰統。他有勇氣解放黑奴，卻無法解放自己。

如果你發現一樁婚姻、一筆生意、或者一個決定會絆倒你，為什麼不拒絕呢？生命中最大的學問之一，就是知道什麼時候該答應別人的要求，什麼時候應該拒絕。不要被你愚蠢的自尊沖昏了頭，或是悲觀地認為別人會怎麼想，就此義無反顧走向毀滅之道。

「不要」的訊息遠比「要」的訊息強而有力。當一個兩歲的娃兒開始說「不要」的時候，就意謂著他覺察出自己是個獨立的個體，擁有自己的好惡和選擇的權利。

愛默生說：「為什麼我們的幸福要取決於某人頭腦中的想法？」希望從別人身上得到快樂，就好比一個乞丐向人乞討，是非常辛苦的。

你必須做自己的主人。滿足自己內在的需求，而非外界的評價。真實的自我，不是靠世俗成就堆砌起來的。你應該勇敢地站起來，拒絕自己不想做的任何事情。就是這樣，兩腿一蹬，說：「老子不幹了！」

曾經讀過日本哲學家西田幾多郎的一首短詩，深得我心。

人是人，我是我；

然而，我有我要走的道路。

這位「西田哲學」的創始者，很明確地指出我們有選擇「做自己」的自由與權利。

我常看到許多人，長久忍受著窒悶的生活，卻不懂得坐下來想想自己到底在想什麼？需要什麼？

一位剛離婚的病人，她覺得沒人愛、被人遺棄，終日抑鬱寡歡。我安慰她，如果離婚能使她走出婚姻的牢籠，又有什麼不好呢？

進一步說，她能從而獲得獨立的自己，做真正的自己，而不是某某人的太太。

我說：「長久以來，妳總是優先考慮別人的需要；而現在也許是妳有生以來第一次，可以不管任何人，只考慮自己。這樣不是很好嗎？」

所有的失望可能是自做自受，與別人的行為沒有什麼關係。難道你的感覺不是由自己所控制？你說你「不能」，更多時候是指你自己「不願意」。

快樂的祕訣之一，就是在有限的時間裡，選擇做你喜歡的事。假如我們所做的事情，不同於我們所想的事情，那麼將不會得到快樂。

親愛的朋友，如果你不能選擇自己所喜歡的生活，那麼生命對你來說，又有什麼意義？

快樂活泉

要忠於自己的想望，而非滿足於別人的期望。

四種微笑的表情

恬適的微笑

劇作家莎士比亞曾說：

「要是我能說出我心裡的快樂，

那麼這種快樂便是有限的。」

物質的享樂、事業的成就、名利的雙收，

都比不上初戀時

接到第一封戀人情書時的心情來得雀躍。

能夠說出口的快樂，

必定不是真正的快樂。

生活是讓人體驗的

你的假期結束了。在那幾天裡，處處是碧海藍天的美麗景象。

然而，當你回到家裡，回去上班，結果是：有一堆衣服要洗、一疊電話要回，信件堆了九吋高，還有其他一堆報告、紀錄、留言要處理。

度假的浪漫一掃而光，繁複的生活又向你撲來，讓你好想再出走。

有句梭羅最常引用的話是這麼說的：「人是一堆堆的東西，存在於平靜的絕望之中。」

米雷也同意的說：「人生只是一個接一個，無聊日子的重複。」對大多數人而言，人生彷彿只是枯燥乏味的重複和交錯。

許多人桎梧於千篇一律的生活，以致鬱悶而終。十九世紀英國政治家狄斯雷斯（Benjamin Disraeli）說過：「多數人在意猶未盡的時候，已經走到生命的終點。」這真是人生最大的悲哀。

有一次，著名的盲聾女作家海倫・凱勒，到霍普金斯大學發表演說。演說甫一結束，一位學生即舉手發問道：「凱勒女士，請問一個人要怎樣才能獲得最大的快樂？」

「忘我！」她簡潔有力的回答。

「一個人所可能遭受的最大悲哀又是什麼？」這學生接著又問道。

「有眼睛卻看不見，或有眼睛卻懶得看。這是很多人會發生的狀況。」她不假思索地回答。

我們有時也要打破一點常規，尋求一些樂趣，讓單調的生活有一些生機、有一點生趣。既然活著，就應該去體會，品味一下生命的味道。

例如，到世界各地去旅遊。否則等到年老體衰的時候，就算有錢也無法實現願望，那豈不是白白過了一生嗎？

打開窗子，我們看到無盡的美景；面對鏡子，我們看到的除了自己，還是自己。

當我身陷在工作的混亂中時，整個世界彷彿旋入了我的困擾中。

這時我總會看看窗外，欣賞藍天的美感、自然界的花開花落。樹木的成長和落葉，讓我看到了辦公室以外的生命。

我也喜歡到陌生的地方去，就讓自己變成一個沒有「名字」的人，丟掉原來的頭銜、職業、朋友……讓自己體會這種「真空」的感覺。

尤其是一個地方生活久了，常常會受困於這個環境，就像棋盤裡的棋子，必須照著規則走，走久了，不但倦感也無趣。

偶爾的出走，讓我的視野不再侷限於這些煩悶的日子裡。

生命，使鳥在天空飛翔，使魚在水中悠游。科學家能發現生命，卻不能創造生命；拜技能製造飛機，卻不能製造一隻飛蚊；能造潛艇，卻不能造蝦子。

不要光用腦子來面對生命，你擁有比你想的還更豐富的內容。和煦的陽光、嬰兒明亮的雙眸，運用你的感官知覺，去領會上蒼七彩多姿的創作。

生命本是一種禮讚！不需擇日而行，智者每日皆能找到可以慶祝的理由。所謂「春有百花秋有月，夏有涼風冬有雪，若無閒事掛心頭，便是人間好時節。」

義大利文藝復興時代的偉大藝術家達文西說得好：「一天日子過得美，可以睡得甜適；一生日子過得美，可以死得愉快。」

生活是讓人體驗的。一個人，無論有什麼理由，都不應該背對著生活。

快樂活泉

什麼事情讓你覺得快樂？聽音樂、看星星、找朋友，還是點一杯卡布奇諾咖啡……？去做吧！而且要常常做。

不再追悔

你是否也有這樣的經驗：你只是搞砸了一件事，卻把自己全盤否定，批評得一無是處？

為什麼我要那麼說？為什麼我不閉嘴？為什麼我不拒絕？為什麼我不去死呢？

窗外陽光燦爛，而你的內心卻桎梏在一片憂鬱的陰暗之中。

下面就是我們常聽到的「輸家腳本」：

- 如果我不出去，就不會發生這種事了。

・或許，如果我不這麼固執，我們還不至於離婚。

・如果我當初早點送他到醫院，也許他就不會死……

・當母親還活著時，我為什麼不多陪陪她。現在已太遲了……

・她非常沮喪地想說自殺，那時多給她安慰就好了……

懊悔、責備的聲音就像破舊的唱片，總是在我們的生活中反覆地播放著：「要是那時……」「早知道……就……」「我當時若……就好了！」這類的話。而這類的輸家，老是活在過去當中，死抱著過去的錯誤不放，每天自憐自艾，而不正視眼前的現實。

我有一位朋友怡芬，放棄出國唸書的機會，全職扮演家庭主婦照顧孩子，並幫忙先生國華完成博士學業。現在孩子都已上中學了，國華卻提出離婚的要求——因為他有了新的對象了。

怡芬感到非常沮喪。她憶起二十年前，她為了國華放棄留學和工作，結果卻換來一場空。

她說：「如果當時我堅持出國，所有的一切都會完全改觀。我可能根本不會和他結婚，我也不會『浪費』多年的青春在他身上。」

她覺得自己過去做了錯誤的決定，損失的不僅是機會而已，同時連生命也浪費掉了。她不去處理眼前的危機，從中求成長，追尋新生活，卻反而被捲入悔恨的漩渦裡。

像怡芬一樣，我們也常會嘆息過去某個時刻，我們為什麼不選擇另一條路？這種想法一開始就是錯誤的。

二十年前，怡芬所做的決定，如放棄留學、與國華結婚等，在當時並非一個「錯誤」。是的，在那時候，也許她是很不情願才做了這樣的決定，但在衡量問題的利弊後，她選擇了想做的，所以她放棄留學。

現在再假設，如果她當時做了別的選擇，可能一切就會很好嗎？那也未必，還是會有其它的問題產生。沒有人是完美的，每一個人，包括你、我或怡芬在內，都曾做出錯誤的判斷。人只有在回頭看望時，才知道自己錯了。

記住這句話：「並非每件遇到的事都可以改變；但是沒有任何事情，能在遭遇之前就改變。」

因此，當我們發生錯誤時往回看，並哭喊著「要是那時……」，這樣對我們並沒有任何好處。相反的，我們應該關掉情感渲洩的籠頭，停止自我悔恨的愚行，集中於「現在你能做什麼」，而不是「當時你做過什麼」。若能如此，則我們從失敗中學到的東西，甚至要比從成功中學到的還多。

喬治・華盛頓（George Washington）曾明確指出：「我們不應往後看，除非是要從過去的錯誤中獲取有用的教訓，並由昂貴的代價所買到的經驗裡得到裨益。」

過去的已無法改變，我們只能活在現在。因此，我們該斬除「如果」的想法，集中心力於「為現在而活」的事實狀況，並自我追問：「我能從那個人或那件事中學到什麼」，或者「其中是否潛藏什麼轉機」，那麼，你將會得到更圓滿的成長。

快樂活泉

事情如何發生並不重要，重要的是我們如何處理，且最後學到了些什麼。

不再自艾自怨

有一則寓言故事：

在某一個皇家花果園中，栽滿了各式各樣的新鮮果樹與花朵。有一天，國王抽空到果園散步，卻發現了園中的花木突然全部枯萎凋謝了。國王問橡樹為什麼枯萎，它說：「我不如松樹雄偉挺拔，昂首天外，所以不想活了。」

國王接著問松樹為何無精打采，它說：「我比不上葡萄樹能結滿佳果，自覺無用。」

國王又問葡萄樹為何不結果子，它說：「我長得彎七扭八，不像椰子樹筆直。」

國王問椰子樹為何毫無朝氣，它說：「我的果子比不上西瓜的可口甜美。」

而西瓜則自嘆沒有茉莉那麼香，也悶悶不樂；茉莉花……。滿園的花木，都因不知足而自怨自艾。想想我們是否也常犯下同樣的錯誤？

這就好像在一個劇院內共有一千個座位，你坐在十五排二十號，但卻一直羡慕第五排十號的位子。於是，整個看戲的過程，你始終把注意力放在抱怨位子的好壞，卻沒有好好欣賞舞台上的演出。

事實上，由於角度、方向各有不同，每個位子都能欣賞到別人看不到的東西。換句話說，所有的位子都獨一無二的，正如果樹與花朵都各有其特色。既是無可取代的，又哪來的好壞之分？

人之所以不快樂，大都出於對自己或自己所處環境的不滿。人一旦對自己不滿時，往往會反映到他人身上，去羨慕別人，從「我的世界」轉移向外，而忽略自己所有的一切。這就像禪師所謂的「騎驢覓驢」。

清遠禪師說：「因為你自己就是驢，整個世界也是驢，你無法騎它，要是你不想騎它，整個世界才會任你馳騁。」這段話殊堪我們玩味。

比較的心，就是審判的心，它從不踏穩腳下的實地，卻幻想著遙遠的天空。問一問不快樂的人，怎樣才能讓他們快樂，他們可能說不上來。他們相信，別人比他們活得更快樂，更順心，更能掌握自己的人生；他們從來沒想過，別人也同樣會碰到難題。不錯，別人也會碰到。

再看一則故事。

佛陀慈悲，他為了消除人間疾苦，有一天把全世界自認最痛苦的一百個人聚在一起。

佛陀問他們：「你們很痛苦嗎？」

人人爭著說自己非常痛苦。

佛陀說：「好！知道你們都很痛苦，現在每一個人把你痛苦的事情寫在紙條上。」

大家很快就寫好了。

佛陀又說：「現在拿手中的紙條與別人交換。」

這一百人在交換過別人的痛苦後，紛紛傳出驚叫，接著急忙要回自己原先的痛苦。

法國哲學家孟德斯鳩（Montesquieu）曾中肯地說：「假如一個人只是希望幸福，這很容易達到；然而我們總是希望比其他人更幸福，這就是困難所在，因為我們堅信其他人比他們實際上的更幸福。」

「不管你的生活多微賤，好好去過；別躲避，別咒罵。」記住梭羅的話：「看你自己現在的生活，即使在窮人家裡，你也可能擁有一些愉快的、令人悸動的、光耀的時刻。映照在貧民院窗上的落日，與映照在富人屋宇上的陽光，是一樣的燦爛；而貧人與富人的門前積雪，同樣都會在春天消融。」

快樂活泉

沒有到手的一定比到手的稀奇，但不一定比到手的更好。

跳脫出過去的舊創

人格的形成，是意識（Consciousness）與潛意識（Unconsciousness）交叉影響而成。

所謂「意識」包括個人現在的思考模式、情感及人際關係；「潛意識」則是指個人過去成長過程中的經驗，它的存在，多數人並未意識到，但對人格特質卻有著深刻的影響。舉個懼高症的病人為例吧！阿華才六歲大時，坐在二樓的窗台上看遊行，一個擔心過度的大人扯住他的腰帶，把他往後拉。

「你會跌下去！」他被如此這般告誡。

稍大一點時，爸媽帶他到湖邊遊玩。他喜歡站在橋上的扶手旁看湖裡的魚群。

然後他又被抓下來。「你會掉下來！」他再次被如此告誡，接著就是爭執、眼淚和責罵。

這就是潛意識的建立。然後，當阿華十五歲時，發生了一件令他永難忘懷的悲劇。他跟一個朋友爬上一座建築中的大樓，朋友不幸慘跌下來，摔斷了背脊和兩條腿。

頃刻間，所有舊日的告誡都湧上心頭，結果就導致他今日的懼高症。現在，他一進高樓就忍不住雙膝發軟，胃裡打結。

他的理智（意識）知道這種畏懼很愚蠢，可是他沒有辦法。潛意識中重複著受到驚嚇的影像，他控制不住自己。

讓我再舉個例子，我有一位同學，在她最珍視的初戀中，遭到對方的欺騙。這段遭遇，她視為是無可彌補的傷害，但卻為了面子，把這段受挫的創傷深埋入心中（潛意識）。

她在表面上一如往昔，可是她的第二次、第三次戀愛，卻不自覺地時常出現

「過去」經驗所遺留的情緒。因此，她總是讓自己與對方始終保持著若即若離的狀態，深怕自己愛上對方，將來可能會「受傷害」更重。於是，她的第二次、第三次戀情也就告吹了！

有句俗話說：「一朝被蛇咬，十年怕草繩。」就緣於我們有了一次恐懼的經驗，使我們看到所有細長的東西都害怕；愈被恐懼控制，愈不敢去面對。就像有些人，只要有一次失戀的經驗，就以為全天下的異性都是負心漢，都是蛇蠍一樣，避之唯恐不及。

由於每一個人都有其獨特的過去，因而對任何事件產生的反應也因人而異；尤其是早期的記憶，產生的影響力最強。

如果妳的丈夫小時候是個孤獨的男孩，那麼當你未能全心注意他時，丈夫自然會感到很沮喪。再如，太太的酒鬼父親對她的妹妹比較偏心，當你和別的女人多說了幾句話時，太太就會為此不舒服。如果父母常常強迫你做這做那，那麼當伴侶對你有所要求的時候，你可能就會大冒無名火。

不要小看過去的傷痛，它會伴隨著日月而生長。

據估計，每個人每天的凡心動念中，約90%和前一天相同。這是因為我們都是「過去」習慣、憂慮和執迷的產物。當你發現自己對某個人或某件事物感到不滿，甚至忿忿不平時，不要忘記，其實你是在和自己的過去「過不去」。敵對的情緒，源於過去傷痛的護衛，當你撫平憤怒情緒時，你的舊創也就自然痊癒。

因此，當你下一次又為了一些小事抓狂或感到不安時，開始回顧過去吧！問問自己，究竟你以前曾在「何時」、「何處」、「與誰」有過類似的感覺，追尋出壓抑在潛意識裡的過去經驗。一旦你明白其中的原因，並決定寬恕或釋放時，你將跳脫出禁錮於過去的思想，活出自己。

快樂活泉

不要成為過去的受害者，找出問題，重新打造一個全新的你。

快樂是過程，不是結果

有人說，世間不幸的根源只有兩種：一種是從未實現夢想，另一種是夢想已實現。許多功成名就的人相當不快樂，就是因為他們眼中只有一個目標，而往往對周遭的事物視而不見。

我曾聽過一些作家，在完成了那本嘔心瀝血的曠世巨作後，便掉進了絕望的谷底；也曾聽過一些探險家，在征服了多年來一直向他們挑戰的山嶽後，卻為沮喪悲悽所打倒。甚至有一些人，在他們退休回家，掛起工作靴，上床後便從此長眠不起。

人生重要的是過程，而非結果。因為結果所帶給人的滿足極為有限，只有過程中的樂趣令人回味無窮。

就像坐火車旅行一樣，車窗外稍縱即逝的風景，我們隨時都可欣賞，不需等到抵達目的地，旅行才算開始。

快樂是旅途，而非終站。去一個地方遊玩，比如日月潭、太魯閣，沿途的每一處都美不勝數，無論山、水、石、木、花草皆不可錯過；真正到了目的地，反而可能被那裡的攤販或人潮倒胃口。

回想我們小時候總是期待遠足或過年的心情，那股期盼的滋味，總讓我們興奮的失眠；等到真正遠足或過年的那一天，又反倒覺得沒有什麼了。

登山冒險也是一樣。在奮鬥的過程中，每一秒都是那麼的緊張、刺激、值得回味，否則那麼辛苦地登上山巔，又是何苦來哉？

當一個人學琴的時候，可以想：「等到我彈得很好的時候如何如何……。」其實，你也可以就在當下享受彈琴的樂趣，每一天增進一些用音樂表達自己的能力。如此一來，練琴的過程也可以同時享受音樂。

在我來說，寫作的過程豐富有趣，完稿則是另外一種滿足。假如把最終的結果視為唯一的滿足，而將寫作的過程視為艱苦且微不足道的瑣事，我便等於犧牲了為寫這本書所投下的時間和精力。成品帶來的滿足極為有限，過程中的樂趣，才是歷久彌新，也是支持我繼續寫作的原動力。

曾到過跳蚤市場購物的人就能體會，如果你是去尋找某一個特定的東西，你的眼睛就會遺漏掉許多有趣的事物，變得毫無樂趣可言。然而，如果你單純是為了搜尋而來，那麼你將會非常的欣喜，不只是為了買東西而已。你的好奇心也將得到滿足，而這份喜悅是免費的。

享受過程，正如一個歌者在演唱中得到快樂一樣；也正如一個待產的母親，她的快樂不只是來自嬰兒的誕生，同樣也來自懷孕中的期待。

勝利只是過程的一部分，最後的頒獎，也只是過程的極小部分。我常勸告我的病人好好欣賞生命的過程。因為「過程」正是生命本身。人生的百分之九十八都是過程，如果你只為那最後的百分之二而活，那就太不值得了。但不幸的是絕大多數人都是如此。
人生是一種歷程，每一步都充滿著驚奇。千萬不要只想趕路到達目的地，而忽略了欣賞沿途美好的風景。

快樂活泉
在奔向快樂的路上，人們爭相尋找快樂的地點，找得愈久，錯失的快樂就愈多。

凡事往好處看

每個人都可以自由地選擇自己的思想。但是，我們大部分的人都沒有善加控覺，任它肆無忌憚地自由來去。當搞砸了某一件事情時，我們常被教導的，是去批評而不是去支持，去注意壞的一面，而不是好的一面。

例如，當你拿到兩科考試成績，一科分數是五十分，另一科是九十五分，那麼這一整天的時間，你會一直想到通過的那一科？還是被當掉的那一科？

想一想，如果你在公司過了不順心的一天，回家時你還會擔著心，一次又一次想著白天發生的事情，責怪自己的行為，並希望自己沒那麼做嗎？

假如你到峇里島去度假，風光明媚，佳餚美味，那真是一個美好的假期。但是當你搭飛機返國的時候，不但飛機誤點，你的行李又不翼而飛。

第二天，你的朋友問起你度假的事。你是抱怨倒楣的境遇呢？還是告訴他峇里島多麼美麗？你是讓你的朋友對你的度假留下好的印象，還是壞的呢？

想想你生活中最近發生的事，你能用積極的方式表達嗎？比如說，週休二日你到郊區遊賞，陽光宜人，景色優美。但是午後開始下大雨。第二天同事問你：「昨天玩得開心嗎？」你怎麼回答呢？

你可以說：「噢，別提了，還沒玩到就下起大雨，真是倒楣的一天！」但你也可以平心靜氣地說：「昨天真不錯，玩得很愉快。尤其在中午下了場大雨，大家都抱頭鼠竄。你沒有看到那畫面，真是有趣！」樂觀的心情，會讓你忘卻所有的不愉快。

湯姆・萊勒（Tom Lehrer）曾說：「生命就像縫紉機，你放下去什麼，就裁出些什麼。」

不懂歡喜的人，猶如一部沒有彈簧的馬車，人坐在上面，碰到任何石塊都要顛簸一下；永保歡喜的人則像裝有彈簧的車子，即使在最崎嶇的路上，除了感受到一種舒服的擺動之外，也少有什麼不適。

兩百年前，英國名作家塞繆爾•詹遜（Samuel Johnson）也說過：「養成凡事往好處看的習慣，比一年賺一千磅還有價值。」

每個人的內心，同時都混合了正面與負面的思想型態，但是我們的想法卻很少去理會事情好的一面，這是非常遺憾的。思想，是人從一出生就存在的東西，它就好像是融化的蠟，尚未加工、成形，等到蠟被圖章戒指蓋印成形之後，思想也就有了初步的印象。一旦這印象固定，思想也就定型了。

古時候的商人，訓練夥計辨識金幣的方法是準備成堆的純金，讓夥計一遍又一遍重複彈擊，聆聽真幣的共鳴聲音，直到純熟。一旦其中滲入膺幣，當下即辨，自不吃虧上當。

有什麼思想，就會創造什麼樣的人生。因此，只要我們養成正面的思考習慣，敞開心胸，用「幸運」的鏡頭來看這個世界，負面的情緒自然脫離。正如真幣接觸多了，贗幣一旦出現，當下無所遁形。

快樂活泉

看孔雀開屏時，別盡看它的屁股眼兒。

跟往事乾杯

今天有空嗎？整理書櫥、衣櫃也許是個好主意。

把那些舊了或沒有用的的衣物丟棄，或送給舊衣回收中心吧！塞滿家中的舊物品有時和廢物沒有兩樣，多留存一件無用的物品，就是多浪費一點自我的空間。

堆積在我們腦中的無用想法何嘗不是？就像洋娃娃腦袋裡的填充物，既是無用的草包，為什麼不早點丟棄呢？

有時候，遺忘，是令人快樂的。

傷害你的那個人，也許是故意和你過不去；但是，被傷了心而一直懷恨的人，卻是自己和自己過不去。

許多人因被所愛的人傷害而懷恨在心，想藉著心中的怨恨把他摒除於腦海之外。但是滿腔的恨意，只會使你更想到他。對方也許只傷害過我們一次，然而我們卻在心中一而再、再而三，反覆地想著，好像已被傷害過千百次似的，整個思維都圍繞著那個人。

想想他，他都已經傷害了你，難道你還要以念念不忘的方式來凸顯他對你的重要嗎？

一位男人對他的朋友說：

「我太太有著我從未聽過的最糟記憶力。」

「忘記每一件事？」

「不，她記得每一件事。」

所以，記憶力不好，通常會是比較快樂的人。

「智慧的藝術，就在於知道什麼可以忽略。」心理學先驅威廉・詹姆斯如是說：「天才永遠知道可以不把什麼放在心上！」

曾看過一則廣告，提醒你旅行包裡別忘了帶護照、機票、換洗衣物、相機，甚至筆記本，但最重要的是，請一定要「忘了帶」過去的心情、想法、習慣。要空著出走，滿滿地、新新地回來。

讓我舉個簡單的例子：如果你正在歐洲旅行，在前往巴黎的途中，乘船橫渡英吉利海峽，那你將很容易遇上洶湧的海浪。你抵達法國後，如果你還將時間用在詛咒不穩的航程上，那麼你停留在巴黎享受假期的時間就會愈少。常識會告訴你，你應該盡快忘了這段不愉快的航程，充分把握眼前的一切。

《重整行囊》一書作者理察・丁・賴德曾說過一則有趣的親身經歷。

有一年，理察和一群好友到東非賽倫蓋蒂平原一帶去探險。當時，正逢東非遭受嚴重的乾旱侵襲。在那趟旅途中，理察隨身帶了一個厚重的背包，裡面塞滿了食具、衣服、指南針、觀星儀、挖掘工具、切割工具、護理藥品等各種瓶瓶罐罐。

有一天，當地擔任嚮導的一位土著在檢視完理察的背包之後，突然問了他一句話：「這些東西會讓你比較快樂嗎？」理察當場愣住了，這是他從未想過的問題。理察開始回頭問自己，結果發現到，有許多東西實在不值得為了背負它，而累壞了自己。

理察決定將自己的背包重新整理，取出一些不必要的東西送當地村民。接下來的行程，因為背包變輕了，旅途也變得更愉快。從此以後，他學會在人生各階段，定期卸下包袱，隨時尋找減輕負擔的方法，讓自己活得更輕鬆，更自在。

生命的過程就如同一次旅行，如果把每一個階段的「成敗得失」全部扛在肩上，今後的路還怎麼走？

一個老農夫肩上挑著一根扁擔信步而走，扁擔上懸掛著一個盛滿黃豆湯的壺子。他不慎失足跌了跤，壺子掉落地上摔得粉碎，這位農夫仍若無其事地繼續往前走。

這時，有一個人急忙跑過來激動地說：「你不知道你壺子破了嗎？」

「我知道，」老農夫不慌不忙地回答道：「我聽到它掉落了。」

「那麼你怎麼不轉身，看看該怎麼辦？」

「它已經破碎了，湯也流光了，你說我還能怎麼辦？」

的確，對一顆已經爛根的牙齒而言，除了拔掉，又能怎樣？

舊的恐懼、舊的束縛，就讓它們去吧！丟棄那些無用的舊衣、雜物和舊創傷。當你每丟棄一件東西，必然會帶來一次新的解放。

為你的「舊包袱」舉行一場葬禮，將它埋了，與過去說再見，跟往事乾杯！

快樂活泉

是德川家康說的吧，「人生不過是一場帶著行李的旅行，我們只能不斷向前走，並且沿途拋棄沉重的包袱。」

笑看得失，泰然自在

一位患得患失的企業家，向經營大師威廉•詹姆斯請教成功之道。大師並沒有直接告訴他答案，只是叫他去拉斯維加斯的賭場玩玩輪盤賭博。

一星期後，他像小孩子似地衝進大師房裡，同時還興奮地大叫：「我想通了！在賭桌邊，我豁然開朗啦！……」

「你想通什麼？」大師望著眉飛色舞的企業家。

「我注意到那些十賭九輸的人都有個特點：下注前，他們毫不在意，可是當輪盤一開始轉動，他們卻都七上八下，個個都開始心跳氣喘起來。」

企業家停了一下，又再說道：

「我突然覺得這些人好傻，因為他們如果要擔心，也應該在下注之前，在那時候多動動腦筋可能還管用些。之後，賭注既然已經下了，而輪盤也已經旋轉，就不妨以輕鬆的心情靜待結果。假如此時再傷腦筋，也只有徒增驚怕的份，一點用處都沒有！」

大師頻頻點頭。那位企業家又繼續說道：

「經營事業又何嘗不是如此！在策劃方案時，就該多方思慮利弊得失；不過一旦下定決心並付諸實行後，就毋需掛心，也不必患得患失。」

還記得小學時代那場演講比賽嗎？因為患得患失，結果就表現失常。如果你手上只拿著一根針的時候，會穩若泰山地抓住；可是當你試圖將線穿過針孔時，手卻會莫名其妙地顫抖起來。

再以賭博為例吧！賭瓦礫一般不值錢的東西，能夠賭得很輕鬆；一旦賭價值連城的寶物時，就會失去平靜，使人內心發生動搖。雖然賭的技巧沒有改變，但是得失之心，卻讓內心的混亂程度增強。

不要在意結果。如此才能袪除對特定結果的執著。活在無常的智慧中，即使對結局一無所知，仍能享受生命旅程的每一刻。

佛法的智慧告訴我們，當在處理生活上各種大大小小的事件時，只要做到「盡人事」——也就是隨緣——已經盡了力，就可以心安理得。至於選擇之後的成敗得失，不必耿耿於懷，也就是所謂的「隨相而離相」。船過水無痕、鳥飛不留影，成敗得失都不會引起心境的波動，那就是自在解脫的大智慧。

曾有一個電視綜藝節目裡，邀請觀眾玩遊戲。眼見這位觀眾節節過關，勝利在望，獎金就要拿到手，沒想到一個疏忽，竟失去得獎的機會，現場的觀眾都極為失望。主持人就問這位觀眾的心情是否難過，她聳聳肩說：「不會啦！反正我來的時候也是空手來的。」

再回過頭來想想小時候的那場演講比賽吧！那時候的你曾經很在意，而現在呢？同樣的，目前正困擾你的這些事情，以後你也將會一笑置之。

失意泰然，得意冷然。畢竟，不過是一場比賽罷了。

快樂活泉

隨遇而安，隨緣自樂。

換個角度看世界

倫敦市有家規模甚小的公司，員工都擠在狹小的空間裡一同上班，工作時也充滿了不方便。

有一次，這家公司的一位小職員，帶著未婚妻參觀自己的工作場所。

「我真搞不懂，一個人怎麼能在這麼狹小擁擠的地方工作？你不會感到侷促嗎？」未婚妻疑惑的問說。

「不錯！這地方是小了些；但也有它的好處。」這位職員愉快地答道。

「什麼好處？」未婚妻瞪大了眼睛。

「好處就是假使你不及時的工作，文件資料就會累積起來將你活埋，因此我的工作效率一直很高！」

馬太•亨利（Mathew Henry）是一個很有名的宗教家。

有一天，他在路上遇到強盜，被搶去了錢夾。

那天，他在日記上寫道：「我感謝上帝，因為：A•我已前沒碰過強盜；B•這次強盜搶去了我的錢夾，沒有搶去我的生命；C•搶去的錢數很有限；D•何況，是人家搶我的，不是我搶人家。」

被搶劫，還能想出這麼多好處來，真不愧為充滿喜樂的宗教家。

曾客串過幽默大師林語堂祕書的監委黃肇珩，有一次坐公車上陽明山探望大師，結果在車上也不幸遇到了扒手，將她剛領到的薪水全部扒走。

林語堂看她悶悶不樂，就問她發生了什麼事。在他追問之下，黃肇珩只好說出實情。

沒想到，林語堂幽默地安慰她說：「別太難過了。想想看，那個扒手現在一定很快樂；你是否也該快樂點？」

林語堂的幽默，讓我想起一則很值得玩味的笑話。

李先生很年輕就與世長辭了。出殯時，隔壁太太安慰了李太太一番。

李太太眼淚汪汪的說：

「他身前從沒有真心的愛過我，還留下債務，以後的日子叫我怎麼辦？」

「真可憐！」

隔壁的太太再安慰她說：

「這也算不幸中的大幸，如果妳先生真心愛過妳的話，妳就更慘了！」

受害者的特徵之一，就是無法認知到事情雖有不愉快或更糟糕的一面，但也有好的一面。最根本的癥結，在於我們每一個人的心中都有一個嚴厲的法官，他無時無刻地批判自己、批判別人，也對生活毫不留情的批判。於是在我們的眼中，別人的缺點似乎無所遁形，而自己的內心也因此陷入悲觀無望。

普魯斯特（M.Proust）曾說：「真正的發現之旅，並不在於尋求新的景觀，而在於擁有新的眼光。」

只要調整自己的眼光，你的世界將會變得不一樣。

先試著換個角度來欣賞，也許有一天你會突然發現，不受歡迎的同事阿龍、陌生的隔壁鄰居或最討厭的數學老師，怎麼突然有這麼驚人的改變？其實，他們一直沒變，而是你眼光改變了。

記住這句話：「你以何種角度觀看，便會造成何種結果。」你用什麼眼光看世界，世界就以什麼姿勢回報你的閱讀。

快樂活泉

試著走出去，換個角度看，給自己喘氣的空間，你的看法會不一樣。

愈簡單愈好

KISS（Keep it Simple Stupid！）是我在一本雜誌摘錄的生活哲學。勉強譯為中文就是：「傻小子（傻小子），愈簡單好！」

現代人都太過複雜了，到處都充斥著新奇和時髦的事物。

一支手機，光功能和型式就有數十種；彩妝也是五花八門，有洗的、抹的，還有敷的；一道雞肉就有中國式、法國式及墨西哥式各種吃法。

每個人都忙著向外看，卻不曾靜靜地傾聽自己的心是怎麼跳動的。

梭羅（Henry David Thoreau）所著《湖濱散記》，感人至深。其中一句名言是：「簡單點，簡單點！」

他發現：當他生活上的需要簡化到最低的程度時，生活反而更形充實。因為它已經毋需為了滿足那些不必要的慾望而使心神分散了。

生活愈簡單，生命愈豐富。梭羅還說：「奢侈與舒適的生活，妨礙了人類的進步；最明智的應是，外表雖然窮困，內心生活卻再富有不過。」

的確，由於崇尚簡單，使我們能從物欲的泥沼中掙脫出來，既不被世俗的名利所牽繫，更有餘力去充實精神的豐美，領會到寬廣明淨的心靈境界，和樸質無私的開闊胸懷。

身無長物，則無牽無掛；而心中少事，人仍優游哉。

一位教授曾在半年內遭竊三次，之後他說：「我們怕被偷、被搶，直到一些值錢的東西越來越少，我才領悟，家徒四壁已無可偷，反倒心安理得，無牽無掛。」

至聖孔子也極為推崇簡樸生活，他曾稱讚顏回說：「一簞食，一瓢飲，在陋巷，人不堪其憂，回也不改其樂，賢哉回也。」

他也自述：「飯疏食飲水，曲肱而枕之，樂亦在其中矣。不義而富且貴，於我如浮雲。」

少一點就是多一點。試著想想簡單是多麼迷人：一束插在牛奶瓶裡的漂亮水仙；穿透乾淨玻璃的閃耀陽光；一杯茉莉花茶的芳香與甜醇。

最近到公園看到一位小男孩在放風箏，當風箏飛起來的那一刻，他全然忘我，意與盎然地凝視著風箏。陪伴他的，是一條線、一點點風，及一大片天空。多麼簡單的快樂啊！

你是曾經靜坐在池邊丟石子，看看水面形成陣陣漣漪，直到漣漪消逝？是否曾像羊兒躺在草地上，享受陽光下清心寡慾的快樂，不想過去或未來，靜靜體會大地的給予！

多少人都本末倒置了。當我們汲汲於想把生活包裝得更耀眼豐富時，常忘了生活本質的主體是「人」。回歸本心，樸質簡單的生活才能品味人生；失去了「人」的原汁，又能品得出什麼味兒來？

不要忘了梭羅的話：「簡單點，簡單點！」

快樂活泉
時時思簡樸、處處樂清貧，必能天天好心情。

無常即平常

身為醫生，看慣生老病死，對人生的態度總是較為淡泊。尤其在加護病房，更是一個生死一線的地方。有的人奄奄一息，有的人全身插滿管子，彷彿已經不像一個人，拖拖拉拉到最後，還是死了。看多了這種情景，對生命的無常，是一分更深刻的體悟。

生命的意外，總是突如其來的發生。前一分鐘活蹦亂跳，後一分鐘意外死亡；前一分鐘億萬富翁，後一分鐘傾家蕩產。再如，治癌專家董大成博士，一生治癌，竟不幸罹患癌症；婚姻專家薇薇夫人，為無數青年男女解疑，卻在中年之後傳出婚變。諸如此類，均讓人體會到生命的無常。

套句英國披頭四樂團主唱約翰・藍儂（John Lennon）的話：「生命的意外是我們在做其他計畫時，發生在我們身上的一切。」

經驗告訴我們，這句話說的一點都沒錯，計畫是人做的，事實卻從來不會完全依照我們的計畫進行。

人生的計畫，往往抵不過變化，可是人生之所以值得你去期盼，也就在於其間的變化多端。正如一場球賽，兩者都充滿無限的可能，誰都不曉得下一秒鐘情況會變得如何。其中的迷人之處，正在於此。

想想看，如果一切果真都按照你的計畫執行，一切都在你尚未經歷就已經確定不變，這樣的人生，還有什麼樂趣呢？

一個人在了解生命的無常之後，一方面會珍惜目前擁有的時刻，而放下對已知事物的執迷。另一方面，則體悟無常是在生活的每一刻踏入未知。

什麼是已知？已知是指我們的過去，也就是放下過去制約的牢寵，好好過活。

未知是無限可能之境地，嶄新而鮮活。即使是當痛苦突然發生時，也較能坦然接受，以減輕痛苦的程度。

沒有了無常和未知，人生只不過是過時記憶的陳腐再現；而今日折磨你的，正是昨天留下來的你，你成了過去的受害者。放棄對已知的執迷，步向未知，你將會踏入無限可能的境地。

生命中確實充滿了意外，災難隨時都可能發生。但與其憂愁終日，戰戰兢兢地預支苦痛，不如把意外視為平常。如此，你才能視悲歡離合與生老病死為人生的常態，用平常心來接納。

世界的災禍、社會的亂象、個人的遭遇、至愛的分憂、身體的病痛、孤獨和無助……看穿了，也不過就是人生的常態。了悟無常和空性，放下執著，如此才能獲得解脫的超然。

蘇東坡說：「寄蜉蝣於天地，渺滄海之一粟，哀吾生之須臾，羨長江之無窮。」有對生命飄忽的感嘆，也深切體認到一已的微渺。那麼，一切的拂逆，又何足掛懷呢？

無常即平常。記住這句：「Take it easy！（淡然處之）只要諸事都能淡然處之，你將擁有無常的智慧。

快樂活泉

死，沒有豁免權，人們必須接受死亡，學習死亡，進而懂得生存的意義，實踐每一個生點的剎那。

名望的代價

在愛因斯坦發明相對論前，有一天在倫敦街頭，遇到了一個朋友。

當時愛因斯坦穿著一件破棉袍，那位朋友便問他：「為什麼你穿得那麼隨便呢？」

愛因斯坦回答說：「有什麼關係？反正這裡沒有人認識我。」

後來，愛因斯坦發明了相對論，聞名世界。有一天，愛因斯坦走在倫敦街頭，又遇到了那位朋友。

那位朋友看見他仍穿著那件破棉袍，便驚訝地問：「為什麼還穿得這樣隨便？」

愛因斯坦對他說：「有什麼關係呢？現在每個人都認識我了。」

愛因斯坦的話，的確給我們很大的啟示。人為了顧全面子，總不免有點虛偽和虛榮。就是這種「先敬羅裳後敬人」的態度，往往讓人失去了純真的本性與快樂。

尤其是人一旦成了名，一舉手一投足，都要戒慎恐懼。不能說錯話，不能做錯事，句句話煞費斟酌，樣樣事窮極思慮，可不是好玩的。

賈桂琳在船大王歐納西斯私人小島上游泳，都有人想盡辦法拍她的裸照；相同的情形，也發生在黛安娜王妃身上。

甘迺迪總統已故多年，生前的風流帳也一一被抖了出來；再如最近柯林頓總統的性事不也陸續被公諸於世嗎？

再看看許多明星和政治人物，真是愈出名愈沒有隱私，愈大牌愈沒有自由。

老年的盧梭，有天在巴黎的森林中散步時，看見一位青年正捧著《愛彌兒》津津有味的閱讀著。年輕人的面孔十分興奮，眼睛濕潤，大聲念著特別受感動的段落。

他並不知道眼前的老頭兒便是作者。高昂的情緒需要分享，他以讚嘆的口氣，向老人推崇著這位日內瓦的大作家。年輕人的言語裡，充滿了景仰的情懷。

「可是您知道，盧梭卻希望能夠將自己的命運與樵夫交換！名聲除了替他招來迫害以外，並沒有為他帶來其他好處。」老人嚴肅的說著。

「他的自尊，因為成功而獲得滿足的同時，卻也被劇烈的諷刺詆毀著。」

「一個人的才智雖然使得社會變得明智，卻也遭受社會愚昧的攻擊。相信我吧！先生，你既不需要讚嘆，也不需要羨慕那位不幸的作者。如果你有顆敏感的心，求您憐憫他！」

青年被老人說最後幾句話時，語調裡的激昂震懾住了，一時之間，不知如何反應。

這時，一輛馬車剛好駛過。

坐在車的貴婦驚叫了一聲，俯在車窗上，反覆的叫著：

「他是盧梭，他是盧梭！」

當豪華馬車消失在街的盡頭時，年輕人依然站在原地，兩眼睜得大大的，吃驚得變困了。老人卻轉過身來苦笑說：

「現在的盧梭，連起來的資格都沒有！」

接著又說：「每個人都有權力窺探他人的生活，敘述他最微不足道的動作，侮蔑他的情感！他是一面牆，熙來攘往的人們，都可以在其上隨意的塗上侮辱的字句！先生，您最好記住今天的見面，它使您認識『名望』這個東西！」

一般人只看到「一將成名」的榮耀，卻視了「萬骨枯」的代價。

有人羨慕明星的風采，但掌聲後面有多少辛酸？

有人羨慕官員的地位，但權威後面有多少掙扎？

有人羨慕企業家的財富，但投資後面又有多少風險？

和高車華服的權貴相比，市井平民看似微不足道。但是就因「微不足道」，反而是小人物最「值得稱道」的地方。

比方說，興之所至，夜市小攤上喝兩杯，來一份蚵仔煎，吃後街上順便逛，與朋友天南地北聊一番，聽他一晚上音樂……這種種行徑是何其自在？何其灑脫？不用擔心上報，也不用擔心別人怎麼批評。你說，王永慶能這樣嗎？林青霞能這樣嗎？

快樂活泉

有多大的太陽，便有多大的陰影。

你真的需要嗎？

「我真擔憂！現在正下著大雨，而我太太剛剛外出。」

「這有什麼好擔憂的？只要她隨便走進哪家百貨公司躲一下，不就得了？」

「你不知道，我擔憂的正是這一點呢！」

這雖是個笑話，但對許多「瞎拚族」來說的確也是如此。一樣逛百貨公司，有人覺的什麼都好、什麼都想要，有人覺得什麼都不需要；有人恨不得把百貨公司搬回家，有人則純欣賞。結果，在要不到、買不起的情況下，就心生怨尤，滿腹牢騷。恨自己家裡窮，怪先生賺錢少，妒別人的優渥……心中於是悶悶不樂。

仔細想想，自己「真的」需要那些東西嗎？

海明威說的好：「有些人誤以為付得起頭一次分期付款，奢侈品就成了必須品！」

你曾否查察到，有些東西是你真正需要的；可是，有些東西看起來很好，但仔細想過，卻不是絕對必須。如果你能不受虛榮或是嫉妒的心裡所左右，問你自己，這真的是「我需要」？還是「我想要」的？那麼你將發現，許多東西都不是絕對必要。

有一次，大哲學家蘇格拉底突然心血來潮，想出去走走。一些學生於是慫恿老師去當時最熱鬧的市集逛逛。

「老師！那兒的衣服真多，無論綾羅綢緞樣樣都有，色彩也是五花八門……」一位學生說道。

「老師那兒的珠寶可真是琳瑯滿目，瑪瑙、翡翠、珍珠、玉器，要什麼有什麼……」另一位學生說道。

「那兒的百貨日用品才多呢！舉凡食、衣、住、行各方面，保證會讓你滿載而歸！」學生們七嘴八舌地說著。

第二天，蘇格拉底一進課堂，學生們立刻圍上來，爭相要他談談此行的收穫。

「此行唯一的收穫，」只見蘇格拉底頓了一頓說道：「就是發現：原來我並不需要這麼多東西。」

幾世紀前的哲學家們就提醒我們，所擁有的東西愈多，煩惱愈多。不幸的是，大部份人都未能體悟，終於變成了物質的奴隸。

我們害怕出外度假，因為所有的家當丟在家中無人照料。有位朋友買了一輛新的賓士轎車，但他不敢將車停在人來人往的街上，或距離自己太遠的地方，因為他害怕被人K到、或被偷走。仔細想想，究竟是他擁有車還是車擁有他，這實在是有趣的問題。

如果你在郊區購買一間別墅，好讓親友鄰居們知道你成功而富有，那麼你除了要擔心搶匪，坍塌、土石流外，接著你必須每個周末清理水溝、拖地、打蠟，及修剪庭院中的雜草。如此一來，你的享受就顯得微不足道了。

如果你又買了一輛漂亮的跑車，好吸引路上的陌生人，那麼當你買巨額保險，並且花大筆鈔票維修時，你便付出了更高的代價。

如果你還在院子裡建了一座游泳池，那麼你除了要花許多時間在處理落葉、小蟲外，還得經常換水，以免「登革熱」造訪。這時，你還有什麼值得炫耀的呢？

老實說，現代人的生活，本質上就是大家在比賽誰擁有的物質多。不是為了實際上的需要，而是為了享受擁有的喜悅。當你看完上面的文章以後，下次逛街買東西的時候，別忘了問一問自己：「你真的需要嗎？」

快樂活泉

買不需要東西的人，不久便會買不起真正需要的東西。

燦爛的微笑

傳記作家海倫凱勒曾說：

「面向著陽光而立，那麼陰影永遠在你背後。」

樂觀的人，

總能讓心境呈現出一種平和的狀態，

更大的煩憂，也能泰然自若。

打起精神，得意泰然，失意豁然，

帶著燦爛的微笑，飛舞在陽光下。

金錢買不到快樂

一個有錢的人對游手好閒的人說：「你為什麼不賣力工作呢？」

「為什麼要賣力工作？」

「為了要賺錢呀。」

「賺錢做什麼？」

「有錢就能享受，就能過悠閒的日子呀。」

「何必那麼麻煩？我現在不是已經在過悠閒的日子嗎？」

這雖是個笑話，不過台灣人的確比以前更忙碌，更沮喪且焦慮不安。一個在物質上空前富裕的國家，她的國民卻出奇的不快樂。

一位醫師朋友告訴我：「自從開業以後，他在家怕有人來搶劫，出門怕被綁架；家人出門遲歸，便提心吊膽怕有事發生。天天都活在恐懼當中。」

他說：「光診所內外到樓上臥房就設了六道鐵門，外加紅外線感應器，二十四小時全自動攝影機，並且裝警民連線，一有狀況便可馬上反應。」

「你知道嗎？」他接著說：「我出門經常更換不同的路線、不同的車，而且車上警報器和電擊棒都一定帶到。更重要的是，盡量少外出，不能讓小孩到外面玩，也不要讓親友雖便到家裡走動，因為綁架的人往往都是熟人。」

聽了他這麼說，我不禁感嘆；這樣的生活，不是比囚犯還不如嗎？囚犯至少刑期滿了還可以自由，難道有錢之後真要一輩子這樣嗎？

羅蘭女士的一段話說：「當一個人擁有財富，他就會用一重重的鐵門鐵窗來囚禁自己，將自己反鎖其中來『看家』。雖有了財富，卻也失去了世界。」

台灣這個島上的有錢人多如牛毛，所以鐵窗、鐵門隨處可見，保全系統愈來愈發達。真如羅蘭女士所說，財物愈多的人，愈想看住自己的財物；財物鎖起來之後，心靈也跟著閉塞。於是眼中只見錢財，而錢財之外的開闊世界卻全然不見蹤影。

印度文豪泰戈爾說：「鳥的翅膀上若繫著黃金，就永遠不能再於天上翱翔了！」

曾看過亞蘭瓦特斯（Alan Watts）所寫的一本書，書名為《不安全的智慧》。其中有段話是：「金錢不能買到安全，但是若感到它活生生存在時，必然是由不安所襯托出來的。」

那些追求安全感的人，花了一輩子的時間，卻從來沒找到。它是這麼的難以捉摸、瞬間即逝，因為安全感絕不會單從金錢而來。對金錢執迷，總會帶來不安，不管你銀行裡有多少存款。事實上，最有錢的人，反而最缺乏安全感。

集美艷與財富於一身的國際影壇巨星伊莉莎白‧泰勒，私底下即是個非常缺乏安全感的人。她常常悲傷地表示，自己是全世界最孤獨、痛苦的人。這個說法另全世界的人都迷惑了。她名利雙收，財產至少有二十億台幣，怎麼會如此悲慘？

很多人不知道，她因寂寞無助而自殺過一次；肉體上因大大小小近七十次的手術，而深受折磨；八次失敗挫折的婚姻，更讓她獨自承受精神上莫大的痛苦……。

伊莉莎白・泰勒的例子並不特殊，許多豪門巨賈或演藝圈中人比比皆是。由此可見，金錢絕不是萬能的。

著名的電視影集《朱門恩怨》，即是描寫美國德州達拉斯大富豪的故事。在那些富甲天下的油商中，你爭我奪，爾虞我詐，勾心鬥角，真是財富愈多，快樂卻愈少。

大部份的人都有一種錯誤觀念，以為錢財若是能多一點，壓力便會相對減輕。我可以告訴各位，當你的錢財愈多，感受的壓力也就愈大。

我並不是說不要追求錢財，而是希望大家能改變對錢財的觀念，不要把它當成是追求人生快樂的目標，而應把它視為服務社會的酬勞。

錢固然重要，但有很多寶貴的東西是金錢買不到的。金錢不能取代我們對愛情的渴望，金錢不能陪你歡笑，金錢不能撫慰你的喪子之痛，金錢不能在月光下和你漫步，金錢不能減輕你的恐懼和寂寞……。

金錢不能保證平安如意，周遭環境美麗的事物也不保證幸福快樂。如果你接獲一個令人心碎的消息，在一個緞質銀墜的椅墊上啜泣，並不會令人好過些。

歡樂與貧富無關。人生的意義，不只是在多賺一些錢，以便死後有一口講究的棺材。豐富的生活，和豐富的錢包一樣重要。真正的財富在心裡，而不在皮包裡。記住這一句話：

窮人可能是快樂的，但沒有一個快樂的人是窮的。

快樂活泉

假如快樂需要花錢去買，當我們看到定價時就不快樂了。

慾望將永無止盡

某甲問某乙說：「如果要在十萬美元和十個孩子之間作一選擇，你會選擇什麼呢？」

「我會選擇十個孩子。」

「為什麼？」

「理由很簡單，如果我選擇十萬美元，一定還會想要更多。」

有一則寓言故事：

有一位農夫，在荒野中挖到一尊純金打造成的羅漢。這尊金羅漢有一百多斤重，價值連城。親友們都趕來向他慶賀，然而農夫卻愁眉不展，終日悶悶不樂。

親友們百思不解，就問農夫說：「你有一尊金羅漢，已成百萬富翁，為什麼還悶悶不樂？」

農夫嘆口氣說：「唉！我是因不知道其他十七尊羅漢的下落而憂愁啊！」

人的慾望是永無止境的。剛開始會想：「如果擁有一台彩色電視就心滿意足了。」隔一陣子，對彩色電視的新鮮感消失特，你大概又開始嚮往七吋大螢幕的電視，並決定在家中開闢一間放映室。當我們渴求已久的目的一旦如願以償時，那種光輝便消失了。

十幾年前，功課一直不理想，人人都說我程度不行。現在情勢倒轉，人人又都說我成就非凡。如果在十幾年別人稱讚我很優秀的話，我會說：「真的嗎？」如此一來，我將多麼心滿意足啊！

然而，今天的我對某些人也許有一點貢獻，解除了他們的痛苦，或挽救了他們的生命。得到的獎勵和讚譽也確實讓我開心，可是並不像十幾年前想像中的快樂。因為現在的我，想要的又更多了。

人生就是一連串追求慾望的過程，從A點到B點之間的過程。A點是「我缺少能讓我快樂的那件東西」，B點是「只要能達到，我就能快樂」的那一點。真的達到B點，你會發現，又要從新開始下一個追求。快樂好像總在征服下一座山峰之後才能得到。

我們畢生都在渴求一個又一個的慾望，已達成的舊慾望就被棄如敝屣，彷彿沒有那一回事似的。不論多少美夢成真，慾望永遠沒有終止的一天。只要你看到又有另一座山峰聳立在地平線上，你的滿足感又消失了。

一位船員那麼說：「你知道嗎？一件關於地平線的趣事是：你永遠也到達不了。你看著它，並且一直向著它航行，但在你認為更接近它時，它總是與你保持一定的距離。」

慾望就像喝鹽開水，永遠無法止渴。人的東西愈多，愈會為想得到更多而汲汲營營。看看許多有錢的財團老闆，或是有權的政治人物，不都是這樣子嗎？

歡喜富足之路，不是要我們向所有的慾望說「不」，而是要知道，什麼時候該說「夠了」。一旦你對某些東西的慾望減少，你就會比較不渴望這些東西。

我的朋友淑娟以她最喜歡的冰淇淋為例說：「經過一陣子後，它對你就沒有太多的吸引力了。」

好友開華也同意這種說法，並補充道：「我允許自己失敗。如此一來，當有一天真的失敗時，就不會痛不慾生了。」

下回，當心中又泛起慾望的漣漪時，請先告訴自己：「一個人，絕無法收集到海灘上所有美麗的貝殼。我只想收集一些。但是如果數量不多，我的收藏不也變得更美，更值得珍惜嗎？」

請不要忘了，人最後所能擁有的，也只是帶進棺材裡的一點點而已。

快樂活泉

痛苦住在慾望的對面，但不掛門牌，追求者常常敲錯門。世上，天天有人去追逐慾望，卻往往碰上了痛苦。

不想佔有，無所不有

二十歲時，我認為名位很重要。三十歲時，我相信帳戶裡的餘額就是答案。現在我雖未步入四十之齡，然而我已深知，人生最重要的就是：放下執著，知足常樂。

想必你也聽過這樣的情況。許多人沒房子時，只想擁有一棟屬於自己的房子；等買到了房子後又想有一棟度假的別墅；等有了別墅後，才發現自己忙得連回家吃頓飯的時間都沒有。真是擁有的東西愈來愈多，人生樂趣卻愈來愈少。

想要的追求不到，無法佔有；已經到手的，又擔心失去。倘若真的失去了，又會產生沒有安全感的苦惱。這是非常辛苦的！天天忙忙碌碌，居然就是為了自尊苦惱而忙！

就像失眠的人一樣，愈努力想要睡覺，就愈睡不著。人是追求快樂，快樂就離得愈遠。人生的苦痛，原本來自於外境的執著，順境則喜，逆遇則憂，於是悲悲喜喜，歲月倏忽而過。直到有一天，你放棄了物慾追逐；靜靜坐下，喝口清水，聞聞花草香，一剎那間，快樂已悄然輕敲心扉。

佛云：「無求即全有。」聖若望說的更為透徹：「不想佔有，無所不有；沒有物慾，事事滿足。」

莊子有一段大家熟悉的故事——

有一天，莊子如平常的日子在濮水畔享受垂釣之樂。這時，有兩個楚國的大臣奉君主之命拜訪莊子。楚國的大臣一看到莊子就說：「我國的皇上請你就宰相的位置。」

莊子垂著釣，頭也不回地說：「聽說貴國有一塊死後已三千年，非常靈驗的龜殼。貴國的皇上用絹布包著它，慎重的放在箱子裡祭拜。你認為那隻龜是死後接受膜拜比較好，還是活在泥水裡生活比較好呢？」

「當然是活在泥水裡比較好。」

聽到了這個回答，莊子就對楚國的大臣說：「那麼，你就請便吧！我也喜歡生活在泥水裡。」

再說一則《韓非子》書中的寓言故事——

宋國有個鄉下人，想將一塊璞玉獻給大臣子罕。但是子罕不接受，這個鄉下人就說：「這可是珍貴的寶物啊！只有像您這麼高貴的人才配擁有。我太卑賤了，不配擁有它。」

子罕聽了，仍然不接受，他回答說：

「您將璞玉當做珍貴的寶物，而我認為不接受的寶物才是最珍貴的。」

事物的價值，都是經由人「主體」的判斷選擇之後才能呈現。例如，有一顆鑽石和一杯水，一般人都直覺的認為鑽石較有價值；但假如今天是身處沙漠中，一杯水的價值，恐怕就比鑽石高太多了。

再如一盆花若無人欣賞，任它花自開，葉自落，就沒有漂亮與否的問題。

因此一定要有主體（你、我、他）加以選擇，價值才能呈現出來。

慾望的追求也是一樣。如果你（主體）不熱衷於追求，放棄對結果的執著，就沒有得失的問題，這樣反而擁有超然的自在。

沒有貪慾，自然滿足；又不奢求，必能隨喜。不想佔有，無所不有；沒有物慾，事事滿足。

快樂活泉

「無」求名利，「無」牽無掛，就能日日「有」閒情，天天「有」喜樂。

人生無常，當下最真

一位企業家談到他的生死觀。他說，他曾生過大病，住過加護病房，在生死一線間被拉回人間。從此思索著：「我還有什麼事還沒做，要及時做？」

他說：「現在我的每一天，都過著很感恩的生活。」「以前怕死，之後不怕了。像前些時候常摔飛機，我卻照樣搭飛機來去國內外。」「事業上愈來愈放下，志業愈來愈提起。」

他從死亡邊緣回來後，第一個想到的就是回饋社會。他說：「真正的歡喜，是親身投入。」

一位病人被診斷出罹患卵巢癌後，生命的視野立刻縮水，只剩下幾天可活。

她說：「癌症才是真實的生活。當你接受癌症的現實後，生命潛能好像才真正開啟。當你用借來的時間生活時，日曆上的每一天，都像是你所認識的好朋友！」於是她開始認真生活。

我還認識一位堅強的老師，當她知道自己罹患乳癌，並向朋友表白後，她反而得到了解脫。癌症意謂著可以說「不」，可以毫無罪惡感地卸下學校工作的重擔。畢竟，一個正與乳癌奮戰的女人，除了照顧好自己外，沒有人會要求她做什麼。

彷彿只有當我們體認到，我們在世上的時間是有限的；甚至是當我們不知道剩下的時間有多少時，才會開始盡可能地好好過每一天，好像過去的日子不存在似的。

邁可・蘭登（Michael Landon）曾說過一段深具寓意的話：「在我們一出生時，就應該有人告訴我們：你已朝向死亡前進。那麼我們就會全心全意好好的生活，善用每一天和每一分鐘。」去做啊！我說，不管你想做什麼，現在就去做！雖然有不少明天，但今天卻只有一個。」

「人生如夢似幻，如霧亦如電。」許多人會認為這句佛家偈語，是看破紅塵，遁入空門的佛教中人想法，消極而灰色。其實從另一面來看，生命如朝露、如閃電，一閃即逝，我們怎能不把握當下，去做自己想做的事？

時間，由無數個「當下」串在一起。每一瞬間、每一個人當下，都帶有永恒的種籽。「現在」的品嚐，不是「曾經」所能取代。抓住每一個人永恒的現在，人生了無缺憾。

「人生啊！當下都是真的，緣去即成幻。」因為「當下都是真的」，所以眼前的每一刻，都要認真的活。因為「緣去即成幻」，所以當事過境遷，也就該清醒地知道那只是夢，就讓它去吧！

許多人一心想活得長壽些，我不知道你怎麼想，但我認為，與其活得長，倒不如活得好。重要的不是你活了多久，而是你活的「好」；重視生命的「亮度」，而非「長度」。

套一句伯納德‧詹森（Bernad Jensen）的話：「活得夠長，不一定活得夠好；但是活得夠好，就是夠長了。」這句話，適切地傳達出我對這個問題的想法。

人應該在每一個「當下」學會問自己：「快不快樂？」「值不值得？」

有些時間專家建議你，假如自己只剩下七天生命，那麼你將如何安排？和誰共度？多半的回答是：

「如果我剩七天，我會告訴××我對他的愛。」

「如果我只能活七天，我要坐到湖邊，欣賞夕陽……」

大多數的人都希望能做些使生命更能完整的事，而且也都意識到這件事的迫切。那麼，還等什麼呢？為什麼要等到只剩下「最後」的七天，才願意去做這些事？為什麼不現在就做？

人生沒有彩排，無法試演。所以，在美麗的花朵凋謝前，盡情的聞聞它的芳香吧！

快樂活泉

把「每」一天當成「今天」來用。只有清楚地「活在今天」，不虛度每一個「當下」，「明天」才能無怨無悔。

幽默化悲為喜

每個人心裡都會有些痛處，給人一碰就容易心浮氣躁。這時不妨喚醒你潛藏的幽默感，收集一些巧答妙對來應付那些難聽的話。

看看下面這幾則傑出政治家以幽默化解攻擊和對立的精彩對話。

美國前總統林肯長相不雅，眾所皆知。有一次，他針對有人謾罵他是兩面派的這個問題，在集會上說：「有人罵我兩面派。我若是還有另一張臉，我還會願意帶著這張臉來參加集會嗎？」一語雙關，博得一片喝彩。

美國第三十任總統卡文•柯立芝，出身於麻州政界，還選上麻州州議員。由於政通人和，遂被推舉為州議會議長。

有一次議會進行期間，某位議員上台發言，可是他的話又臭又長，眾人頗感不耐。最後有位議員終於按捺不住了，於是衝上發言台要求對方趕快做個結束。沒想到台上的議員竟用極嚴厲的口吻駁斥他：

「你最好給我滾出去！你這個下三濫！」說完又繼續他的演說。

那名受辱的議員於是走到柯立芝面前，以頗感委屈的口吻說道：「議長，你聽見×××剛才對我說了一些什麼話嗎？」

「聽見了！」柯立芝不動聲色的回答：「但我已經翻遍了六法全書，你不必滾出去，而且上面也沒有說你是個下三濫。」這句幽默的對答，適時化解了受辱議員的委屈。

拿破崙的身高只有一六八公分。當年他擔任義大利軍總司令時，曾對比他身材高大的部下說：「將軍，你的個子正好高出我一個頭；不過，假如你不聽指揮的話，我就會馬上消除這個『差別』。」嚴厲中，顯示出他的幽默和自信。

英國前首相邱吉爾任國會議員時，有某位女議員素行囂張。一天，居然在議席上指著邱吉爾罵說：「假如我是你老婆，一定在你咖啡杯裡下毒！」

狠話一出，人人屏息。卻見邱吉爾頑皮地笑答：「假如妳是我老婆，我一定一飲而盡！」結果，全場人士及那位女議員都哄堂大笑。

寓諷於答，果然立刻化戾為祥。邱吉爾說過：「除非你絕頂幽默，否則就無法處理絕頂重要的事，這是我的信念。」

當年，杜魯門繼任美國總統時，前總統胡佛被邀重臨白宮。但是，杜魯門竟破口大罵，重拾陳年舊事，向胡佛大肆攻擊。

後來，胡佛又再接到白宮的請帖，這次他可不大願意應邀。但是總統邀請公民，做公民的總覺得義不容辭，而胡佛又正是有責任感的人。

會面時，胡佛坦率地說：「趁我們還沒有討論的時候，我要對你說：你最近提到我的那回事，是公務人員最下流的行為。」

杜魯門卻笑嘻嘻地說：「你說的對。我念詞念到那個地方，也實在有點讀不下去！」

有幽默感又豁達樂觀的胡佛也哈哈笑著，不再記恨於心。真的，樂觀的人笑著忘了恨，悲觀的人卻根本忘了笑。

法國文學家伏爾泰於一七二七年訪問英國。他發現英國人對法國人非常仇視，在街上走很危險。

有一天，一群英國人對他怒吼：「殺了他，把這法國人吊死！」伏爾泰很富機智幽默。他停下腳步，對著群眾說：「英國人！你們因我是法國人而要殺我，難道因為我不是英國人而受的懲罰還不夠嗎？」英國人聽了哈哈大笑，居然一路送他安返寓所。

幽默，是最能去除難題的雷管，具有把悲劇轉為喜劇的力量，而且只在你一念之間。

著名的諷刺專家林克雷特（Art Linkletter）建議大家：「當你生氣時，試著想像對方正裸著身子。」這句話的真正意涵是指：當你為一個難纏的人加上一幅幽默的影像時，你就掌握了解決問題的絕對優勢。

發自內心的輕鬆，戴上幽默的眼鏡看四周，你會發現：煩惱變小了，世界卻變大了。

快樂活泉

幽默就是用一種趣味的角度看待發生在你身上的種種。只在一念之間，悲劇變喜劇。

活著就是一種恩寵

在一個星期天的早晨，我讀到一則消息：一位名律師在一次意外中失去了她摯愛的小孩。我拿著報紙，正巧聽見樓下傳來姊姊和孩子玩耍的嬉笑聲。我相信，那位名律師會願意用她擁有的一切，來換取姊姊在那天早上得到的幸福感。

多數人都把自己所愛的人視為理所當然，以為他們現在在自己身旁；當我們需要他們時，他們必會陪伴左右。可是事實並非如此！

有位女士經歷了一次失敗的婚姻，又曾被捲入過沒有結果的愛情，因此她格外珍惜現在所擁有的婚姻。「我真心地相信：我嫁的人是最好的，我的家庭也是最幸福的。」她欣慰的說。

還有位作家曾追憶道，在他父親死後，已歿的父親比他生前在世時，顯得更加舉足輕重。「當他在世的時候，」作家說：「他並不真正的存在我的生活裡。當我忙於事業時，我幾乎不曾察覺他的存在與否。」

當雙親之一死亡時，仍健在的成年子女們才終於能察覺出已故父母在世的美好。而那份美好實際上一直存在著，等你去發現。同樣的，你生命中的美好也等著你去發覺。

我以前總認為，週末休假開車回家，迎著鄉間清新的空氣，聽著喜歡的音樂，是件熟悉且平常不過的事。

直到有一天，當我穿過一個斜坡轉彎的路口，冷不防被一輛超速的貨車從後面斜擦而過，前方正巧又衝出一位行人。為了閃避，我的車子被撞得面目全非，頭腦一陣麻痛，眼前直冒金星。

當時，我只有一個念頭：「完了！這下毀了！」短短幾分鐘內，腦中想到的是自己這輩子做了什麼事？還有什麼事還沒做？如果就這麼走了，是不是很不甘心？那年，我正好三十歲。

這場車禍讓我深初領悟到，被我視為平常而平淡的生活，其實就是一份天賜的恩寵。每天醒來不忘對自己說：「喔！我還在，活著真是一種幸福！」此後，我不論做任何事都變得更積極，更珍惜每一天、每一分、每一秒。因為我始終認為，自己這條命是「撿回來的」。

在桑頓・王爾德（Tharnton Wilder）的劇作《小鎮》（*Our Town*）裡，有一景墓園戲。鬼魂安慰著剛死去的女主角艾蜜莉。她仍眷念著原有的生命，希望回到過去的某一平常而「不重要」的日子。

「我不明白，」她難過地說，「這一切，我們從來不曾注意……再見，世界。再見……媽媽，爸爸。再見，時鐘的滴答……媽媽的向日癸。以及食物、咖啡。還有剛熨好的衣裳與熱水澡……睡覺和起床。噢！人間，真是太美好了！」當她的願望實現後，她明瞭：世人總將太多事物視為理所當然。

我們習慣於「活著」，因此往往將之視為理所當然之事。你是否曾在清晨起床，望向窗外，或走到門外，在新鮮的空氣裡呼吸，然後愉快地對配偶或孩子說：「活的真好！」

今天，不要再渴求別人的「美好生活」，多看看自己生活中的美好事物，我們將滿懷感激。

活著就是一種恩寵；感謝上蒼讓我們懂得感恩。

快樂活泉

活著，可以品嚐，可以享受，可以築夢，可以想你的他（她）。死了，就什麼都別想了。

你還有什麼放不下呢？

這是一個貪婪的時代，一個予取予求的時代。我們的心裡總是堆滿了數不清的願望，片刻不曾稍歇。

「車子是不是該換了？如果股票繼續下跌，我該如何是好？這個月的業績成長多少？什麼時候拿得到錢？」我們像一隻死咬著骨頭不放的狗，讓一些念頭把自己搞得筋疲力盡。

暢銷作家理察‧卡爾森博士（Richard Carlson）在《別為小事抓狂》一書中，提到他親身的體驗。

很多年前，他曾活得忙碌不堪。「追求成就，成為我人生的一切。我不斷地做記錄，今天完成了多少事，賺了多少錢……我的三餐總是亂買，在車上隨便解決。我與自己比賽，看看自己可不可能贏得比任何人都多的成就。」

然而，就在十四年前他結婚的那天，他最好的朋友在前往婚禮的途中被一個酒醉司機撞到，當場死亡。

「從此，我的步調慢了下來。」卡爾森說：「我了解到自己過去緊咬著不放的東西，其實都沒那麼重要。人都不知道自己能活多久，又何必執著於『外物』的追求呢？」他的人生觀，也因此改頭換面。

想想：有什麼事，真的非你完成不可的？有什麼目標，真的是你非達到不可的？有什麼人，真的是你非留戀不可的？

我看到許多病人，他們已瀕臨死亡邊緣，卻還擔心水電費、衣服未洗，小孩遲歸等雜事。如果我告訴他們：「這可能是你在世上的最後日子，放開心胸，好好的享受這一天吧！」隔天早上，我會發覺他們心情愉快多了。睡的時候想到自己可能長眠不起，還有什麼放不下的呢？

叱吒一世的亞歷山大大帝臨終時，曾吩咐他的部下，不要按照一般習俗，把他的手包裹起來；相反地，要把他的雙手，伸出棺木外。這樣可以讓人民看到，他的雙手是空的。

像他這樣生於帝國，又征服了另一個帝國，併吞東西兩個世界財富的人，到死的時候，卻連自己一小部份財富也不能掌握，如此和乞丐又有什麼分別呢？

乳齒會掉，蛇皮會脫，過時的政策與敗選的官員終會被替換。那麼，你為什麼還緊抓著眼前的東西不放？

世界上根本沒有一樣東西可以執著的東西——你的財產，或你的一切。每個人都像一條河，有源頭、有流程、有終站，最後匯入包容一切的海洋，那便是人生的結束與歸宿。

當你這麼想的時候，你也就明白了，人生裡的許許多多，其實沒什麼好爭執，好怨艾。不同的人從不同的地方來，最終卻走向一樣的方向。

快樂活泉
學會不作繭自縛，就是放下
解脫的大智慧。

熱忱的心

十九世紀美國大思想家愛默生（Ralph Waldo Emerson）曾說：「偉大的事，沒有一件可以沒有熱忱而能成就的。」

同世紀英國著名首相狄斯雷利也同意的表示：「一個人想成為偉人，唯一的途逕便是：做任何事都得抱著熱忱。」

水一定要沸騰，才能轉動機器，推動火車。每個成功的產生，必是熱忱的產物。缺乏熱忱，就像開一輛沒有油的車，是無法走遠的。同樣的，一個人的態度若如溫熱不足的水，絕無法推動他們生命的火車。因此，你必須先沸騰自己的血液，才能推動自己的驅體。

熱忱是個性的原動力，沒有它，任何你可能擁有的能力，便只能靜止不動。我們可以肯定的說，幾乎每個人都有許多尚未挖掘出來的潛能。你也許有正確的判斷力、有遠大的理想、有豐富的學問，但是除非你投以高度的熱忱，將自己的心放入思想和行動中，否則成就都是有限的。

古羅馬哲學家德倫西說：「凡簡單的事，若因不樂意，則變成困難。」你寫過文章嗎？如果你把它當成一件苦差事，或是毫無趣味的事，不用我說，你也知道那會有多難。

要擁有熱忱其實並不困難。你所需要的，就是採取熱忱的行動，並且保持這種行動，直到你變得熱情為止。美國心理學之父威廉•詹姆斯把這個原則形容為「好像」原則。這種方法很簡單，只要把自己的行為假裝成自己所希望的那種人，你就會逐漸的變成那種人。

簡單的說，就是假戲真作，以假作真，最後弄假成真。如果你沮喪，就假裝成很樂觀，你便會開始覺得開朗起來。若是持續的夠久，「假裝」就變成了「真實」。原本只是表現出開朗的樣子，隨後便在不知不覺中，成為真正樂觀快樂的人。

這個原則，運用在增加熱忱上，也有同樣的效果。剛開始裝成很熱忱的樣子時，效果可能不會很顯著，甚至還有點虛偽不實在，怎麼做都不覺得很有熱忱。但堅持下去，某一天，你會突然覺得心中湧進了許多熱忱。這就是「好像」原則的行為法則。

《樂在工作》一書作者魏特利（Denis Waitley）即指出：「熱忱是會傳染的。在一個積極有勁的人面前，你很難保持冷漠的態度。」

看看一些深受大家喜歡的歌手，像蘇芮、伍佰、張惠妹，他們的歌唱扣人心弦，具有一種親和力；最主要的是，他們把整個人投注在歌唱裡，將熾熱的情感感染給大家，那樣專注，那樣全力以赴，好像這將是他們的最後一次演唱似的，讓人深受感動。

約翰・G・謝德（John G Shedd）說的更直接：「我喜歡全身熱忱沸騰的人。寧為噴泉，不為泥水坑。」

為了培養熱忱的心，明天早晨當你聽到「機會之鐘」（悲觀消息的人稱之為「鬧鐘」）鈴響時，不要賴床，立即由床上直坐，拍手說道：「多麼美好的一天！我要利用今天，把握上蒼賜給我的許多機會！」

隨後打開音響，讓海頓的《驚愕交響曲》把睡神嚇跑，朝氣十足地迎向嶄新的一天！

快樂活泉

始終給人一把火，即燃起熱忱的心，用活力來調味，如此便能烹出一道「成功的菜」。

享受工作之樂

許多人對工作的定義是：「工作是你既不情願，而又不得不做的事。」有太多人將自己的生命浪費在無聊的工作上，原地踏步，毫無進展。他們不斷地向前移動，卻沒有任何喜悅和成長，終至迷失自己。

快樂的祕訣，就是做自己喜歡做的事。一個你喜歡的工作，能夠讓你以熱情和經歷，在更多層面充實自己。它能增進你整體生命的品質，而不僅只是你花在工作上的時間罷了。

在我們醒著的時間裡，起碼有一半要花在工作上；要是在工作中找不到快樂，就絕不可能在任何地方再找到它。戴爾•卡內基曾說：對自己的工作感興趣，可以將你的思想從憂慮中移開，最後，還可能帶來晉升和加薪。即使不能這樣，也可以把疲乏減至最低，並幫助你享受自己的閒暇時光。

你可知道，在一整天的工作當中，如果你能熱忱有禮、心情愉快，那麼晚上回家時，便會覺得輕鬆且不會疲倦。愉快、歡笑可以解除緊張，使你疲倦的不是工作，而是你的工作態度。試試吧！

工作也許是嚴肅的事，可是你實在沒有必要把自己撐得像上過漿的襯衫似的。你也可以全神貫注在工作上，而仍舊能夠享受工作的樂趣，當一個快樂的奉獻者，微笑地面對一切。用這種精神去工作，那就是你的樂趣。

對工作保持開朗熱忱的態度，並不僅只是笑聲的有無，它更是一種新的生活舞步。要設法讓自己在工作的時候，還可以獲得與休閒時同樣的快樂。

那麼，什麼是工作，什麼是休閒？

如果工作是指你必須去做的事情，那麼，休閒就是你希望去做的事。一名舞蹈老師，他整天在教舞，回到家已筋疲力竭。晚上或許會整理盆栽、修剪花木，放鬆一下心情。相反的，職業花匠可能就要以跳舞來緩和他工作的壓力。雖然，每個人都需要有一些消遣，但人之樂莫過於在工作上的喜悅，而且喜歡到足以把工作看做是一種「遊戲」。

能讓我們感到幸福的，不但要去做我們喜歡的事，還要去喜歡我們所做的事。愛迪生不眠不休地在實驗室工作，有人問他天天這樣工作累不累？他頗為訝異地回答：「我這輩子一天都沒工作過！」

「壓力之父」塞葉博士也深表同感的說：儘管他每天從早晨五點工作到深夜，但他認為這輩子從未做過一件工作。在這些工作時間裡，他都是在「遊玩」。因為對他而言，研究就是遊戲。但願我們也能像他們一樣，找到自己這麼感興趣的工作，然後全力以赴。

我們大部份人甚至無法想像，做自己真正喜歡的工作會有多快樂。布洛斯（John Burroughs）說：「一個人如果有一份投合興趣的工作，有可以讓他全心投入的職業，他生命中的力量便可以找到充分的出口。這樣的人是有福的。」

你是否在做自己最喜歡的工作？假如不是，早點打算吧！我們可能都把自己看扁在一個小小的工作位置上，捨不得離開那個熟悉安全的地方。可是，有一天，當你跳出這個位置的範圍，你將發現視野變寬了，空間變大了，只因你老是困在那個位置上，使你慢慢變成井底之蛙，忘了世界原來這麼大。

記住華德・迪士尼的這句話：「一個人除非自己喜歡的事，否則很難有所成就。」要想快樂則更難。

快樂活泉

人要清楚自己想做什麼，不做什麼，「擇你所愛，愛你所擇」，如果一輩子不能做自己喜歡的事，豈不白活一場！

接受如何，才能迎接任何

剛開始行醫時，我總是力求完美，但併發症仍會發生。雖然這令人傷心，不過也讓我了解到，外科醫生並不是完美的，使我不至於以為自己是萬能的上帝。

每當在開刀房，病人發生嚴重失血時，我常會心跳加速且不時的冒汗。漸漸地，即使燈光還是和開始時一樣的懊熱，但當一切都在控制之下時，我才能慢慢冷靜下來。以前我常感到極度的壓力，要求自己完美。那壓力也跟著我回到家裡。

直到一位教授提醒我：「盡力而為，後聽天命。」。「盡力而為」使我心安理得；「聽天由命」令我心平氣和。現在，我已能夠做完每個決定或處置後，就接受它，然後把它拋到腦後去，並告訴自己：我做了最好的決定。

這許多年來我發現，我愈是抗拒眼前實際的狀況，我的內心就愈掙扎難安。如果我順服於既成的事實，不再抗拒，我的心靈便得以舒緩，甚至在突然間，便能夠接受一切。

為人，盡其在我則無愧於心；處事，盡其在我則無怨於人。別人有別人的缺點，你也有你的盲點，這世界本來就沒有十全十美的人。接受人生的缺憾，感受不完整的傷感。你一定得有些缺點，否則乾脆飄到天上做神仙算了！

心理學之父威廉•詹姆斯（William James）曾明智勸告我們：「要認清事實，接受所發生的事，是克服任何不幸結果的第一步。」對於目前已發生的事，及未來無避免的事，如果無法改變它，那就接受它！

什麼是接受？接受就是順服於既存的事實：我們的環境、長相、財富、工作、健康、感覺、問題……。在我們能做任何改變之前，必須承認目前的情況就是這個樣子。我們接受事物現在的樣子，而非我們所希望的樣子。

看看天空，如果我問你：「天空完美嗎？」而你回答：「不管它是否完美，我們只這個天空。」過了一小時，天空起了變化。我再問：「天空仍然完美嗎？」你回答：「我們別無選擇，對不對？」這即是認清事實。

生命有福也有禍，我們只能照單全收。告訴命運：「不管你給我什麼，我都接受。我會盡力用最佳的方式來面對！」

美國前總統艾森豪全家在一起玩紙牌遊戲。艾森豪他抱怨他老是拿到一手很壞的牌。這時候，他的母親突然停下來，告訴他說：「如果你要玩，就必須用你手中的牌玩下去，來什麼牌是什麼牌。」

他母親更提醒他說：「人生正是如此。在人世間，發牌的是上帝，你只能以手中所有的，盡你最大的力量，求最好的結果。」

艾森豪回憶說，他永遠不會忘記母親的這一番教悔。

的確，成功的人生，不在於握有一手好牌，而在於如何把手中的牌打得可圈可點。林霍德•尼布爾曾寫道：

賜我沉靜，去接受我無法改變的事，
賜我勇氣，去改變我能改變的；
賜我智慧，去判斷兩者的區別。
接受如何，才能迎接任何。這是我的體驗，不信，你也可以試試！

快樂活泉
不需要喜歡生命投給你的每一個球，重要的是去接球。

無論如何，微笑吧！

微笑的益處許多人都知道，除了能消除別人的戒心，使人感到舒服自在，對於生理及心理也有莫大的幫助。當你微笑或大笑時會覺得愉快，是由於我們臉上的肌肉佈滿了微血管，血液因「笑」而壓縮，被送到腦部，產生一種稱為恩多芬，就像回力板一樣，在別人心中產生快樂的感覺，而使自己覺得更快樂。

「這就是狗兒之所以這麼受人歡迎的緣故。牠們非常高興看到我們，總是興奮地不能自仰。因此，我們自然很高興看到牠們。」卡內基如是說。

「蒙娜麗莎的微笑」這幅名畫，之所以能吸引無數人的目光，即在於永恒微笑所散發的力量。其實，不論是愉快的有說有笑；高興的眉開眼笑；自豪的哈哈大笑、情不自禁的捧腹大笑，抑或是會心的一笑、嫣然一笑、哄堂大笑、破涕為笑……。只要是發自內心的笑，都能豐富一顆空洞的心靈。

心理學家威廉・詹姆斯曾說：「我們快樂是因為我們微笑，而非我們微笑是因為我們快樂。」微笑先行來到，心底的快樂往往會隨之到來。」這也就是行為習慣帶動感情的理論。

沒錯，「形態會影響心態」。在一項研究中，研究人員讓一批人看同樣的漫畫，其中部份人受指示要用牙齒把一枝筆橫著咬住，樣子看起來像咧開嘴笑；其餘人則用嘴唇銜住筆，看起來像苦著臉。結果：「露著笑容」的人覺得漫畫看起來較好笑。

如果你問你的伴侶：「今天工作如何？」當他回答說「很好」，但臉上卻是悶悶不樂時，那麼你很可能會更注意到他的表情而繼續問：「是不是公司裡出了什麼事？」或「你看起來心情不好，怎麼回事？」表情往往比說話更能傳達真實的情感。

在醫院，我發現來探病的親友中，很少有人能透過歡笑帶給病人更多正面的鼓勵。一般探訪者出現在旁邊時，手裡總是拿著一些病人不太吃的食品，然後坐上半個鐘頭，繃著臉提供一些沒有建設性的傷心佚事以及陰沉的閒聊。怪不得通常訪客離開時，病人總是更為沮喪與不安。

相反的，假如訪客能帶幾本有趣或激勵人生的書籍來到床前，然後是帶著笑臉半小時愉快的聊天和笑話，病人便會在他們走後顯得更為喜悅快樂。微笑是一種面相，皺眉也是一種面相，但微笑能解決問題，皺眉卻緊鎖問題。

珍娜‧蓮恩（Janet Lane）說過一句簡潔而擲地有聲的警語：在你所穿戴的一切東西中，你的臉部表情最重要。

現在，請張開嘴巴，使嘴角的紋線朝上，然後發一個「C」音，開始微笑。可能的話，讓你的眼睛也跟著笑起來！

只要時間足夠，每天早晨起床我總讓臉部練習十分鐘的微笑運動；每當我參與重要會面或演講時，我也會在門口停頓片刻，想一想許多發生在我身上發生的、值得感激的事，一個開朗友善的微笑，便自然而然地展現在臉上。當我真正面對時，剛剛那個衷心的微笑才收起來。如此，要繼續展露愉快的微笑就不困難，而且整個心境也隨著開朗起來，這也是讓我諸事順利的重要祕訣。

記得愛爾蘭人有句令人心動的古老諺語：「要用時間去大笑，因為這是靈魂的音樂。」（Take time to laugh It is the music of the soul）

貼張紙條給自己：「無論如何，微笑吧！」試著不要把人生看得太嚴肅，讓自己的心輕盈飛舞。每天至少要微笑一、二次；如果是重要日子，更應該多笑。

快樂活泉
別忘了經常牽動臉部的線條，享受微笑、大笑、開懷暢笑的快感！